# 白鶴梁題刻文獻彙集校註

● 王曉暉 彙註

白鶴梁是位于長江上游重慶市涪陵區城區長江邊的一道天然石梁。梁上刻有近兩百段題刻，記錄了自唐代廣德年間以來，因長江水位下降而白鶴梁上所鐫刻的石魚露出水面的情況，實爲長江枯水記錄。

天津出版傳媒集團
天津古籍出版社

## 圖書在版編目（ＣＩＰ）數據

白鶴梁題刻文獻彙集校註／王曉暉彙註. — 天津：天津古籍出版社, 2015.12
ISBN 978-7-5528-0373-0

Ⅰ.①白… Ⅱ.①王… Ⅲ.①碑刻—彙編—涪陵區 Ⅳ.①K877.49

中國版本圖書館CIP數據核字(2015)第296929號

## 白鶴梁題刻文獻彙集校註

| 出 版 人 | 張 瑋 |
|---|---|
| 作 者 | 王曉暉 |
| 責任編輯 | 門 輝 |
| 裝幀設計 | 劉苡舒 |
| 出版發行 | 天津古籍出版社（http://www.tjabc.net） |
| | 地址：天津市和平區西康路35號 |
| | 郵編：300051 |
| 經 銷 | 全國新華書店 |
| 印 刷 | 三河市中晟雅豪印務有限公司 |
| 版 次 | 2015 年 12 月 第 1 版 |
| 印 次 | 2015 年 12 月 第 1 次印刷 |
| 規 格 | 16開（787×1092 毫米） |
| 字 數 | 300 千字 |
| 印 張 | 14 |
| 定 價 | 90.00圓 |

國家古籍整理出版專項經費資助項目
全國高校古籍整理研究工作委員會古籍整理研究直接資助項目
長江師範學院科研創新平台建設資助項目

# 自序

　　白鶴梁，是位於長江上游重慶市涪陵區城區長江邊的一道天然石梁。白鶴梁全長約一千六百米，寬約十至十五米，距離長江南岸約一百米，距離長江北岸約四百米，自西向東延伸，呈一字形，與江流平行，止于長江與烏江交匯處。由於三峽大壩蓄水，白鶴梁不再露出水面，只有從白鶴梁水下博物館纔能看到石梁的一部分。

　　在白鶴梁上，有自唐代以來的題刻文獻近兩百段，除文字外，還有石魚十二尾、觀音像一尊、白鶴圖一幅。1980年，白鶴梁成爲四川省重點文物保護單位，1988年，成爲全國重點文物保護單位。

　　關於白鶴梁名稱的來由和演變，歷代史書多有記載，酈道元的《水經注》載："白鶴灘，爾朱真人修煉於此，後成仙而去。"祝穆《方輿勝覽》也記載："州西一里白鶴灘，爾朱真人沖舉之處。"可見，早期名稱爲"白鶴灘"，蓋由於常有白鶴落於石梁上休息而得名，同時結合了民間傳說，認爲是北魏時道士爾朱通微乘鶴化仙而去的地方。而在北宋樂史的《太平寰宇記》中，則無白鶴灘之名，只是記載："開寶四年，黔南上言：江心有石魚見，上有古記云：廣德元年二月，大江水退，石魚見……"這與白鶴梁上《謝昌瑜題記》內容幾乎一樣。南宋王象之的《輿地紀勝》也記載："在涪陵縣下，江心有雙魚，刻石上……"直至清光緒七年（1881），秦州人孫海在石梁上鐫刻"白鶴梁"。

　　白鶴梁上近兩百段題刻，據記載所見，始于唐代，廣德、大和、大順年間均有，但已無迹可尋。主要爲宋代題刻，此外元、明、清、中華民國、中華人民共和國時期各有若干段，還有部分年代不詳。這些題刻，大者兩米見方，小者不足一平方尺，文字多者達二三百字，少者不足十個字。

　　題刻主要記錄了自唐代廣德以來，因長江水位下降而白鶴梁上所鐫刻的石魚露出水面的情況，實爲長江枯水記錄。題刻中有枯水水文價值的一百余段，記錄了歷史上七十餘個年份的枯水水位。由此可見自廣德年間以來千餘年長江枯水水位統計和枯水現象發生的周期，對古代相關地區農業生產、長江航運等提供了有利的指導，也爲今天長江水利、水電、航運及周邊地區農業發展提供了可靠的科學依據。

# 凡 例

一、對題刻文獻内容中的個别字詞，不再探討前賢著作中的是與非，直接將筆者辨識、判斷的文字録出。

二、遵循文獻校録的基本規範，凡缺字之處，用"□"表示。

三、題刻文獻的排序，基本按照年代順序排列，同一年則按照月份排列先後，同一月則按照日期先後排列。

四、同一人名、地名或其他專有名詞，在首次出現時進行詳細解釋，以後出現均不再贅述，只註明其首次出現的題刻名稱。

五、本書引用已刊佈原始資料較多，結合現代以來各圖録本，引述各資料豐富的主要文獻論著略語與全稱對照如下：

1.《所見録》，（清）姚覲元：《涪州石魚文字所見録》，《石刻史料新編》（第三輯一五），臺北新文豐出版公司印行 1986 年版。

2.《同治涪州志》，呂紹衣、王應元等修纂：《同治重修涪州志》，《中國地方志集成·四川府縣志輯》（第 46 輯）影印同治九年（1870 年）刻本，巴蜀書社 1992 年版。（〔清〕王應元：《涪州碑記目》《石刻史料新編》〔第三輯一五〕，臺北新文豐出版公司印行，1986 年，即出自於本志。）

3.《石魚題刻》，（清）錢保塘：《涪州石魚題刻》，《石刻史料新編》（第三輯一五），臺北新文豐出版公司印行 1986 年版。

4.《金石補正》，（清）陸增祥：《八瓊室金石補正》，文物出版社 1985 年版。

5.《水下博物館》，陳曦震、陳之涵：《中國長江水下博物館：白鶴梁題刻》，重慶出版社 2003 年版。

6.《水下碑林》，陳曦震主編：《水下碑林——白鶴梁》，四川人民出版社 1995 年版。

7.《水文站》，政協四川工委編《世界第一古代水文站——白鶴梁》，中國三峽出版社 1995 年版。

8.《文物圖集》，水利部長江水利委員會《長江三峽工程水庫水文題刻文物圖集》，科學出版社 1996 年版。

9.《三峽國寶》，曾超《三峽國寶——白鶴梁題刻匯錄與考索》，中國文史出版社 2005 年版。

10.《西南石刻》，重慶市博物館編《中國西南地區歷代石刻匯編·四川重慶卷》，天津古籍出版社 1998 年版。

11.《貴博》，貴州省博物館藏清代拓片，參見何鳳桐的《宋代長江水文題刻實錄》，《貴州文史叢刊》2002 年第 1 期。

12.《重慶總目》，重慶市第三次文物普查領導小組辦公室編《重慶文物總目續編》，2008 年版。

# 目　録

長江中上游地區古代洪水枯水題刻的文獻價值 …………………………（一）

## 北宋題刻

謝昌瑜題記　開寶四年（971）……………………………………（一五）

朱昂題詩記　端拱元年（988）……………………………………（一七）

劉忠順等唱和詩　皇祐元年（1049）………………………………（一九）

武陶遊石魚題名記　嘉祐二年（1057）……………………………（二一）

劉仲立題記　嘉祐二年（1057）……………………………………（二二）

都儒縣主簿題記　嘉祐八年（1063）前 ……………………………（二三）

馮君錫題記　治平三年（1066）……………………………………（二三）

徐莊等題記　熙寧元年（1068）……………………………………（二四）

韓震等題記　熙寧七年（1074）……………………………………（二五）

黃覺等題記　熙寧七年（1074）……………………………………（二七）

熙寧水位題記　熙寧七年（1074）…………………………………（二八）

鄭覬題記　元豐八年（1085）………………………………………（二九）

吴縝題記　元豐九年（1086）………………………………………（二九）

□兆思題記　元祐五年（1090）……………………………………（三一）

王珪直等題記　元祐五年（1090）…………………………………（三一）

楊嘉言題記　元祐六年（1091）……………………………………（三二）

姚珏等題記　元祐八年（1093）……………………………………（三三）

涪翁題記　元符三年（1100）………………………………………（三四）

楊元永題記　崇寧元年（1102）……………………………………（三五）

孫義叟等題記　崇寧元年（1102）……………………………（三八）

太守楊公留題　崇寧元年（1102）……………………………（三九）

龐恭孫題記　大觀元年（1107）………………………………（四〇）

王蕃詩並序　政和二年（1112）………………………………（四二）

蒲蒙亨題記　政和二年（1112）………………………………（四三）

蒲蒙亨再題　政和二年（1112）………………………………（四三）

吴革題記　宣和四年（1122）…………………………………（四四）

毌丘兼孺等題記　宣和七年（1125）…………………………（四六）

## 南宋題刻

陳似題記　建炎三年（1129）…………………………………（五一）

劉公亨等題記　建炎三年（1129）……………………………（五二）

文悦等題記　建炎三年（1129）………………………………（五二）

趙子遹等觀石魚題名　紹興二年（1132）……………………（五四）

何夢與題記　紹興二年（1132）………………………………（五五）

種慎思題記　紹興二年（1132）………………………………（五五）

李宜仲等題記　紹興二年（1132）……………………………（五六）

蔡惇題記　紹興二年（1132）…………………………………（五七）

張宗憲題記　紹興二年（1132）………………………………（五八）

賈公哲等題記　紹興二年（1132）……………………………（五九）

蔡興宗等題記　紹興五年（1135）……………………………（六〇）

宋艾等題記　紹興六年（1136）………………………………（六〇）

賈思誠等題記　紹興七年（1137）……………………………（六一）

賈思誠題記　紹興七年（1137）………………………………（六二）

己未題記　紹興九年（1139）…………………………………（六三）

□居安題記　紹興十年（1140）………………………………（六三）

孫仁宅題記　紹興十年（1140）………………………………（六四）

晁公武題記　紹興十年（1140）………………………………（六六）

馮忠恕等題記　紹興十年（1140）……………………………………（六七）

潘居實等題記　紹興十年（1140）……………………………………（六七）

炎覺先題記　紹興十年（1140）………………………………………（六八）

張仲通等題記　紹興十年（1140）……………………………………（六九）

張宗忞等題記　紹興十年（1140）……………………………………（六九）

張彥中等題記　紹興十年（1140）……………………………………（七〇）

李景孚等題記　紹興十三年（1143）…………………………………（七一）

杜肇等題記　紹興十四年（1144）……………………………………（七二）

張珤等題記　紹興十四年（1144）……………………………………（七三）

李景孚等再題　紹興十四年（1144）…………………………………（七三）

晁公遡題記　紹興十五年（1145）……………………………………（七四）

楊諤等題記　紹興十五年（1145）……………………………………（七六）

何憲、盛辛唱和詩并序　紹興十八年（1148）………………………（七七）

杜與可等題記　紹興十八年（1148）…………………………………（七八）

鄧子華等題記　紹興十八年（1148）…………………………………（七九）

張綰題記　紹興二十五年（1155）……………………………………（七九）

張綰再題　紹興二十五年（1155）……………………………………（八〇）

張綰三題　紹興二十五年（1155）……………………………………（八〇）

張松兌等題記　紹興二十六年（1156）………………………………（八一）

盛芹等題記　紹興二十六年（1156）…………………………………（八二）

盛景獻題記　約紹興二十六年（1156）………………………………（八三）

黃仲武等題記　紹興二十七年（1157）………………………………（八三）

紹興水位題記　紹興年間………………………………………………（八四）

宋亢等題記………………………………………………………………（八四）

向之問題記　乾道三年（1167）………………………………………（八五）

王桂老題記　乾道三年（1167）………………………………………（八五）

趙彥球題記　乾道三年（1167）………………………………………（八六）

張□□題記　乾道三年（1167）………………………………………（八七）

賈振文題記　乾道三年（1167）………………………………………（八八）

乾道殘題　乾道三年（1167）……………………………………（八九）

盧棠題記　乾道七年（1171）……………………………………（八九）

向仲卿題記　淳熙五年（1178）…………………………………（九〇）

馮和叔題記　淳熙五年（1178）…………………………………（九一）

朱永裔題記　淳熙六年（1179）…………………………………（九二）

夏敏等題記　淳熙十一年（1184）………………………………（九四）

郭德麟題記　淳熙十六年（1189）………………………………（九五）

徐嘉言題記　慶元四年（1198）…………………………………（九六）

趙時儗題記　嘉泰二年（1202）…………………………………（九八）

賈復題記　開禧年間（1205—1207）……………………………（九八）

禄幾復等遊記　嘉定元年（1208）………………………………（九九）

曹士中題記　嘉定十三年（1220）………………………………（一〇〇）

寶慶丙戌題刻　寶慶二年（1226）………………………………（一〇一）

李瑀題記　寶慶二年（1226）……………………………………（一〇一）

李公玉題記　寶慶二年（1226）…………………………………（一〇二）

□鎬星江等題記　紹定年間（1228—1233）……………………（一〇三）

齊礪等題記　紹定二年（1229）…………………………………（一〇四）

謝興甫等題記　紹定三年（1230）………………………………（一〇五）

李可久等題記　嘉熙二年（1238）………………………………（一〇六）

張霱題記　淳祐三年（1243）……………………………………（一〇六）

王季和等題記　淳祐三年（1243）………………………………（一一〇）

趙光禧等題記　淳祐三年（1243）………………………………（一一一）

鄧剛題記　淳祐八年（1248）……………………………………（一一一）

趙汝廩觀石魚詩　淳祐十年（1250）……………………………（一一二）

劉叔子詩並序　寶祐二年（1254）………………………………（一一三）

蹇材望和劉叔子詩並序　寶祐二年（1254）……………………（一一四）

何震午等題記　寶祐六年（1258）………………………………（一一六）

徐朝卿等題記……………………………………………………（一一七）

賈承福題記………………………………………………………（一一八）

周品級等題記……………………………………（一一八）

傅端卿題記………………………………………（一一九）

王漢老題記………………………………………（一一九）

董時彦題記………………………………………（一二〇）

## 元代題刻

聶文煥題記　至大四年（1311）………………（一二三）

王正題記　天曆二年（1329）…………………（一二五）

溧陽留題　至順元年（1330）…………………（一二五）

張八歹題記　至順癸酉（1333）………………（一二六）

蒙文題刻…………………………………………（一二七）

## 明代題刻

劉沖宵詩並序　洪武十七年（1384）…………（一三一）

雷懿題記　永樂三年（1405）…………………（一三二）

晏英詩並序　天順三年（1459）………………（一三五）

戴良臣題詩　天順三年（1459）………………（一三五）

姚昌遇題記………………………………………（一三六）

張本仁等題記　成化七年（1471）……………（一三七）

李寬觀石魚記　正德元年（1506）……………（一三七）

李書□題記　正德元年（1506）………………（一四〇）

黃壽題詩記　正德五年（1510）………………（一四〇）

張楫和詩　正德五年（1510）…………………（一四一）

張楫題詩　正德五年（1510）…………………（一四一）

聯句和黃壽詩記　正德五年（1510）…………（一四二）

羅奎題詩　萬曆十七年（1589）………………（一四三）

江應曉題詩　萬曆十七年（1589）……………（一四四）

金國祥題詩　萬曆十七年（1589）……………………（一四五）

七叟勝遊題記　天啟七年（1627）……………………（一四六）

## 清代題刻

蕭星拱觀石魚記　康熙二十三年（1684）……………（一四九）

張天如等鐫石魚志　康熙二十三年（1684）…………（一五〇）

蕭星拱重鐫雙魚記　康熙二十四年（1685）…………（一五一）

高應乾題詩　康熙二十四年（1685）…………………（一五二）

預兆年豐題詩　康熙三十四年（1695）………………（一五三）

董維祺題記　康熙四十五年（1706）…………………（一五四）

羅克昌題詩　乾隆十六年（1751）……………………（一五五）

七律一首　乾隆四十年（1775）………………………（一五六）

王正策題詩　乾隆四十年（1775）以後………………（一五六）

陳廷璠書王士禎詩　乾隆四十五年至道光五年（1780—1829）……（一五七）

張師範題詩　嘉慶十八年（1813）……………………（一五八）

張師範題詩　嘉慶二十年（1815）……………………（一五九）

姚覲元題記　光緒元年（1875）………………………（一五九）

許麗生敬摹觀音像題記　光緒二年（1876）…………（一六〇）

孫海題"白鶴梁"　光緒七年（1881）…………………（一六一）

謝彬題"中流砥柱"　光緒七年（1881）………………（一六二）

婁檁題記　光緒七年（1881）…………………………（一六三）

白鶴梁銘（孫海題記）　光緒七年（1881）……………（一六三）

濮文昇題記　光緒七年（1881）………………………（一六五）

蔣蘅題記　光緒八年（1882）…………………………（一六七）

蔣蘅題記　二…………………………………………（一六七）

范錫朋觀石魚記　宣統元年（1909）…………………（一六八）

佚名題詩………………………………………………（一六九）

## 中華民國時期題刻

施紀雲題記 1915年 …………………………………（一七三）

楊鴻□題記 1924年 …………………………………（一七四）

颜愛博等題記 1931年 ………………………………（一七五）

白鶴時鳴圖……………………………………………（一七六）

劉鏡沅題詩 1937年 …………………………………（一七六）

文德銘題詩記 1937年 ………………………………（一七七）

劉鏡沅題記（二） 1937年 …………………………（一七八）

何耀萱《白鶴梁記》 1937年 ………………………（一七九）

劉鎔經《遊白鶴梁》詩 1937年 ……………………（一八〇）

盧學淵題記 1937年 …………………………………（一八一）

抗戰時期題記…………………………………………（一八一）

李園"世道澄清" 1942年 …………………………（一八二）

## 中華人民共和國成立以來題刻

林樵題詩 1963年 ……………………………………（一八五）

龔堪貴題詩 1963年 …………………………………（一八六）

涪陵縣文化館題記 1963年 …………………………（一八六）

四川省重點文物保護單位題刻 1980年 ……………（一八七）

全國重點文物保護單位題刻 1988年 ………………（一八七）

## 年代不詳題刻

傅春遊記………………………………………………（一九一）

高聯石魚詩……………………………………………（一九一）

李從義題記……………………………………………（一九二）

張拱題詩 …………………………………………………（一九二）

辛亥殘刻 …………………………………………………（一九三）

通州觀石魚 ………………………………………………（一九三）

舒彭松"恒收永年"題刻 …………………………………（一九三）

殘題刻 ……………………………………………………（一九四）

"光企公"題刻 ……………………………………………（一九四）

中山乙公遊記 ……………………………………………（一九五）

袁大武等遊記 ……………………………………………（一九五）

張侍題記 …………………………………………………（一九六）

"留山"題記 ………………………………………………（一九六）

"正月中瀚"題記 …………………………………………（一九六）

古泉□題詩 ………………………………………………（一九七）

鄧陽□同遊題記 …………………………………………（一九七）

南陽公題刻 ………………………………………………（一九八）

聯名詩 ……………………………………………………（一九八）

李元□題刻 ………………………………………………（一九八）

聯句詩 ……………………………………………………（一九九）

參考文獻 …………………………………………………（二〇〇）

# 長江中上游地區古代洪水枯水題刻的文獻價值

對中國古代水事題刻的研究，尤其在北方地區"水利社會"的研究中已取得豐碩成果；而對於長江中上游地區的題刻研究較多傾向於水位、氣候、災害防治等自然科學領域。對古代時期長江流域洪水枯水的記錄，尤其是洪水及其災害，在歷史典籍中並不缺乏，而存留於長江中上游地區的古代洪水枯水題刻，爲我們保存了極其有價值的第一手資料。

## 一、洪水枯水題刻基本資料

長江中上游地區發現最早的洪水題刻是宋紹興二十三年（1153），距今八百六十年，最早的枯水題刻至少可追溯到唐廣德二年（764），距今達一千二百餘年①。這些具有千年時間的洪枯水資料在國內外是罕見的。從題刻內容來看，描述洪枯水情況有詳有略，大部分題刻有歷史時期洪枯水的水位具體位置及發生時間。一般來看，洪水題刻大多較爲簡單，往往在水位最高處刻寫"某年某月某日水漲至此"，或具名，或不具名；枯水題刻往往文字較多，内容豐富。

如忠縣忠州鎮1153年洪水題刻"紹興二十三年六月二十七日水此"；又如

---

① 據《巴縣志》金石篇記載："晁公武豐年碑題記：昭德晁公武，休沐日、率單父張存城、璧山馮時行、通泉李尚書、普慈馮樾，同觀晉唐金石刻。唯唐張萱所稱光武時（25—57年）題記不可復見矣。"可見，渝中區朝天門靈石，東漢光武帝時期已經有了題刻，但無文字說明其對枯水的記載，其後晉義熙三年（407）《靈石社日記》未見枯水之意，唐天寶十五載（756）張萱靈石碑、乾元三年（760）王昇靈石碑内容亦不得見，因此，只能以白鶴梁所記唐廣德二年（764）爲最早。相關記載可參見：（清）王爾鑒《巴縣志》，早稻田大學藏本；（宋）陳思《寶刻叢編》，《歷代碑志叢書》第一冊，江蘇古籍出版社1998年出版。

涪陵白鶴梁枯水題刻群，以"石魚"爲水標來描述長江水位的高低，971年"江水退，石魚見，下去水四尺"，1086年題刻"江水至此魚下五尺……"。

長江中上游地區的洪水題刻，數目不少，涉及四川省蒼溪、南溪、屏山、江安、宜賓、閬中、瀘州、合江、納溪、鄰水、廣安等地；重慶市巴南、江北、南岸、北碚、合川、永川、潼南、綦江、江津、長壽、涪陵、武隆、豐都、彭水、忠縣、石柱、萬州、雲陽、巫山、奉節等地；湖北秭歸、宜昌、江陵等地。洪水題刻清代以前較少，絕大多數集中在清代，其中清乾隆五十三年（1788）、咸豐十年（1860）、同治九年（1870）最多，僅同治九年洪水題刻的數目就超過了一百段。對洪水題刻的輯錄與研究相對不多，水利部長江水利委員會編著《長江三峽工程水庫水文題刻文物圖集》①；國務院三峽工程建設委員會辦公室、國家文物局編《三峽湖北段沿江石刻》（丙種2號）② 對長江流域古代洪水題刻做了部分輯錄，這些和傳世文獻中的記錄以及考古、調查中的輯錄，在相關的研究成果中都有所體現，主要集中在探討洪水的災害性影響和政府的防災、救災思想。

枯水題刻主要集中在今重慶市，有涪陵區白鶴梁題刻180餘段、江津區蓮花石題刻約30餘段、巴南區迎春石題刻10餘段、渝中區靈石題刻10餘段、江北區耗兒石題刻2段（後蜀、南宋）、豐都縣龍床石題刻70餘段、雲陽縣龍脊石題刻170餘段以及三峽湖北段等。與洪水題刻比較，枯水題刻內容較爲豐富，因此研究相對較多，其中對重慶涪陵白鶴梁的研究頗爲集中。宋代陳思的《寶刻叢編》③，清代姚覲元的《涪州石魚文字所見錄》④，清代王應

---

① 水利部長江水利委員會：《長江三峽工程水庫水文題刻文物圖集》，北京：科學出版社1996年版。

② 國務院三峽工程建設委員會辦公室，國家文物：《三峽湖北段沿江石刻（丙種2號）》，北京：科學出版社2010年版。

③ （宋）陳思：《寶刻叢編》《歷代碑志叢書》第一冊，南京：江蘇古籍出版社1998年版。

④ （清）姚覲元：《涪州石魚文字所見錄》，《石刻史料新編》第三輯一五，臺北：新文豐出版公司1986年版。

元的《涪州碑記目》①，清代陸增祥的《八瓊室金石補正》②，陳曦震、陳之涵的《中國長江水下博物館：白鶴梁題刻》③，陳曦震的《水下碑林——白鶴梁》④，何風桐的《宋代長江水文題刻實錄》⑤，是記載題刻內容較爲全面的主要著作。曾超的《三峽國寶——白鶴梁題刻彙錄與考索》⑥一書考校了題刻文獻並就相關問題進行了一定的探討。

總體來看，對洪水題刻的研究主要集中在特定歷史時期洪水形成災害及對社會生產的影響方面，對枯水題刻的研究較多集中在"白鶴梁題刻"及川江其他枯水題刻的本體研究上，側重於題刻內容的表徵、涉及人物的考察、官稱的考校等方面，對這些題刻的文獻價值的挖掘還遠遠不夠深入，因此，有必要進行說明。

## 二、洪枯水題刻與政治史研究

長江中上游地區的洪水枯水題刻文獻儘管內容有詳有略，但是將其與中國歷史的發展變遷聯繫起來，可以對其進行較爲深刻的探討和分析。

1. 官制名稱及變化

白鶴梁題刻記載了自唐宋以來的大量官職名稱，包含了不同的稱呼，這對於我們研究唐宋以來各政權官制的構成、發展變化，尤其是地方官制的發展變化有重要的意義。

從相關的文獻中可以看到各種官稱的記載，如宋代題刻中就有如下內容。文散官：銀青光祿大夫、朝奉大夫、朝請大夫、朝散大夫、朝奉郎、宣德郎、迪功郎、奉義郎、通仕郎、奉議郎、將仕郎等；武散官：左班殿直、修武郎

---

① （清）王應元：《涪州碑記目》，《石刻史料新編》第三輯一五，臺北：新文豐出版公司1986年版。係出自於呂紹衣、王應元等修纂《同治重修涪州志》。
② （清）陸增祥：《八瓊室金石補正》，北京：文物出版社1985年版。
③ 陳曦震、陳之涵：《中國長江水下博物館：白鶴梁題刻》，重慶：重慶出版社2003年版。
④ 陳曦震：《水下碑林——白鶴梁》，成都：四川人民出版社1995年版。
⑤ 何風桐：《宋代長江水文題刻實錄》，《貴州文史叢刊》，2002年第1期。
⑥ 曾超：《三峽國寶——白鶴梁題刻彙錄與考索》，北京：中國文史出版社2005年版。

等;檢校官有檢校太子賓客、檢校工部尚書;中央機構官名有監察御史、武騎尉、柱國、上柱國、左都押衙、巡檢、司徒,行尚書庫部員外郎、尚書主客郎中、尚書屯田員外郎、尚書虞曹員外郎、都官郎中、屯田外郎、駕部員外郎等;地方官員名稱:峽路諸州水路計度轉運使、轉運使、觀察使、團練使、刺史、知州、知軍、知郡事、太守、郡守、殿直、郡從事、監徵、督郵、州學教授、錄事參軍、司理參軍。縣令、縣宰、縣尉、供奉、監稅、掌獄、主簿、從事、户掾、理掾、民掾、憲掾、教授、兵馬都監、兵馬監押等等。

宋初沿唐制,節度使、觀察使、防禦使、團練使、刺史等,都是實官,赴各州任職。宋太祖、太宗收藩鎮之權後,以文臣京朝官知州、府事,以上諸使成爲武臣遥領不赴任之遷轉貴階,或者爲親王、宗室所帶之銜。文武散官階,文臣本官階、文臣寄禄官、武官階等等,在題刻文獻中都有反映。

宋代知州爲一州之行政長官,全稱爲知某州軍州事,習慣上又稱爲郡守、太守、刺史、牧、州將等別稱,掌本州郡、民之政,白鶴梁題刻文獻就反映出宋代涪州知州往往出現不同的稱呼。

將録事參軍稱爲"督郵",是宋代一個特例,這在題刻中也有反映。白鶴梁題刻《王蕃詩並序》載:"司馬機才孺爲涪陵督郵,實攝郡事。"司馬機,字才孺,政和二年(1112)以涪州録事參軍身份,攝郡事。督郵,這裏指州録事參軍,位序在諸曹參軍之上。其原爲漢代郡守佐官,掌糾舉違法及獄訟等事,其執掌與録事參軍事近①。宋代遂有將州府録事參軍稱之爲"督郵"。將知州稱爲"五馬",也在題刻中反映出來。

2. 宋代川籍官員本地任職

北宋平蜀後,四川地區歸於宋朝版圖,成爲宋朝統一南方的財源基地。前期,宋側重於從富庶的蜀地徵斂財物,忽略了對蜀地士人的團結和民衆的安撫,造成社會的動蕩不安。中期以後,宋朝調整了治蜀方略,大量任用蜀人,蜀地遂社會安定,人才輩出,蜀人遂成爲北宋朝廷重要的政治力量,活躍於政治舞臺,尤其詔令蜀人可以在蜀地爲官,也爲宋代蜀地的發展產生積極影響。

---

① 龔延明:《宋代官制辭典》,北京:中華書局1997年版,第546頁。

自965年宋平蜀至1000年，宋初四川地區的武裝鬥爭長達三十餘年，規模大，時間長，給北宋政府帶來極大的震動。宋初四川地區大規模的起義被鎮壓下去之後，"川陝（峽）選官多憚行"①，官員們心有餘悸，懼怕到四川做官。

宋初四川人民的反宋鬥爭，調整了四川地主階級和北宋中央王朝之間的關係，北宋政府認識到，在四川鞏固統治，實現長治久安，必須依靠和團結四川的地方勢力，太宗因"上言者以爲四川兆亂，職豪民嘯聚旁户之由也"，因此下詔"州縣，責任鄉豪……得肅靜寇盜，民庶安堵者，並以其豪補州縣職以勸之"②。從而改變了宋代初期排斥、歧視四川地區地主階級和知識分子的政策，開始注意聯合和啟用四川的地主階級和知識分子，共同對四川人民進行統治。同樣，利用四川士人出任四川地區的地方官員，也是充分利用他們對區域歷史、地理、文化、語言、習慣等方面的熟悉。作爲四川地區的地主階級和知識分子，也改變了不樂仕進的態度，積極地入仕做官，從而促進了宋代四川地區文化的發展，也使宋代四川地區人才輩出。

宋朝在鼓勵四川地區士大夫入仕的同時，還逐步解除了蜀人不能在蜀地爲官的禁令，用四川人來治理蜀中的臣民。天禧四年（1010）規定，官吏中川峽有科名歷任無贓罪經舉薦者，三任内許一任去本貫三百里外守官。其年老致仕者，"亦聽還鄉"。天聖八年（1020），宋朝正式允許蜀人在本地做官。史載："集賢校理彭乘以親在蜀，懇求便官，詔乘知普州。蜀人得鄉郡，自彭始。"③

從題刻可以看到，在北宋時期，姚涣，普州安嶽人，治平元年前任涪州知州；鄭顥，昌州大足人，元豐年間出知涪州；程敦書，眉州人，曾任涪、邛、普、雅諸州知州；涪州郡守朱永裔、閬中人；涪州郡守夏敏，眉山人；李襲，奉節縣人，神宗熙寧元年（1068）涪陵縣司理參軍，徽宗政和進士；費琦，成都人，仁宗皇祐進士，神宗熙寧中通判蜀州、綿州，官至朝散郎，

---

① （元）脱脱：《宋史》，北京：中華書局1985年版，第10129頁。
② （清）徐松《宋會要輯稿》刑法二之五，北京：中華書局1957年版，第1779頁。
③ （宋）李燾：《續資治通鑑長編》，北京：中華書局2008年版，第2545頁。

出任縣一級官員的川籍士人則更多。顯然北宋王朝利用熟悉當地風俗民情和語言習慣的四川人出任四川地區的官員，尤其是知州一級，更顯重要。用蜀人來治理蜀地的政策，收到了很好的效果，他們愛家鄉、知鄉情、諳鄉語，勤政安民，使宋朝在四川的統治更加鞏固。到了南宋時期，這種現象則更加普遍。

這些四川人在當地爲官，給北宋時期四川地區的穩定和發展都帶來積極的影響。史書記載，"賦無橫斂，刑無濫罰，政無暴，民無黨"，政治統治較爲清明。而百姓"力於農則歲豐，工於業則財羨。惟安和是恃，惟嬉遊是圖。甚者以至饥飢寒而競逸樂。儻繩以賞罰而驅之於盜，不忍爲也"，社會風氣較好。"士兵之籍於郡者，大率柔而多畏，冗而不足用"，驕縱橫行的士兵也很少見到。總之，呈現出"驗於政則甚和，審於民則自安，度於兵則無狀"①的社會秩序穩定、局面安定祥和的態勢。

3. 洪枯水記載與政權更迭

近千年的洪水枯水題刻文獻，充分反映出長江流域歷史時期的氣候、環境變遷，由此進行的規律性探討，似乎可以了解到自唐代以來中國氣候的變化。早在1907年，美國歷史地理學家亨廷頓出版了《亞洲的脈動》一書，在其中特別援引中國古代的史實，來論證民族遷徙、社會動蕩和氣候波動之間的關聯②。1972年，竺可楨先生發表了《中國近五千年來氣候變遷的初步研究》，充分利用了我國古代典籍與方志的記載以及考古的成果、物候觀測和儀器記錄資料，指出"從仰韶文化到安陽殷墟的二千年間，黃河流域的年平均溫度大致比現在高2℃，一月溫度約3—5℃；此後的一系列冷暖變動，幅度大致在1—2℃，每次波動周期歷時約400年至800年；歷史上的幾次低溫出現於公元前1000年、公元400年、1200年和1700年；在每一400年至800年的周期中，又有周期爲50—100年的小循環，溫度變動的幅度0.5—1℃。""從氣候變化與相關朝代之間的對應關係來看，夏商西周秦漢隋唐等朝代總體

---

① （清）傅增湘：《宋代蜀文輯存》，北京：北京圖書館出版社2005年版，第34頁。
② Ellsworth Huntington, The Pulse of Asia: *A Journey in Central Asia Illustrating the Geographic Basis of History*, Boston: Houghton–Mifflin Co., 1907.

上屬於溫暖期，從北宋開始，南宋、西夏、金、元、明清的大部分時間屬於寒冷期。"①

由此我們可以理解，北宋以來，長江流域出現大量的枯水題刻，一方面與宋代士人及社會風氣有關，另一方面，氣候變化與人口遷移、民族關係的變動聯繫越來越密切，似乎已經引起人們的注意。我們可以推想，漢族的農業生產會受到氣候變化的影響，而位於北方的少數民族的牧業生產也會受到氣候變化的更嚴重影響。因此，遊牧民族向東向南的掠奪，漢族向東向南的自然遷移將不可避免。此外，漢族和遊牧民族出於穩定生產和生活的目的而進行遷移，致使二者之間的衝突也變得難以避免，因此，自唐末以來，五代十國、北宋、南宋、遼、金、夏並立且在北方黃河流域廣大地區持續爭奪。雖然有學者指出"朝代興衰、更替的原因之一是考古學家和歷史學家們一直關注的重大問題不會輕而易舉地被自然科學家們解決，二是需要不同領域的科學家對特定時段的氣候變化、環境背景、政治格局、經濟形態、文化基礎等高度複雜的社會生態系統進行綜合研究"②，但是除了傳世史籍的記載，長江中上游地區兩宋時期較爲集中的枯水題刻給我們提供了一份珍貴的資料，用其作爲研究唐宋時期複雜民族關係和政權更迭的一個依據，也没有不妥。

## 三、洪枯水題刻與經濟史研究

洪水枯水題刻是人們通過觀水、記水，進而很好地用水的重要活動。在傳統農業社會中，水對農業生產影響極大，即使是在長江流域，旱情與江水低枯、洪災與流水四溢，都會對農業生產產生影響，進而影響到地方的政治、經濟等。

涪陵白鶴梁題刻中的民間傳說"石魚出水兆豐年"產生的具體年代已經無從稽考，但這句傳說已經深入人心。唐代宗廣德元年（763），涪州刺史兼涪州團練使鄭令珪就在白鶴梁上留題，將"石魚出水"作爲年歲豐歉、收成

---

① 竺可楨：《中國近五千年來氣候變遷的初步研究》，《考古學報》1972年第1期。
② 周力平：《讀〈Nature〉Yancheva等和張德二等論文有感》，《氣候變化研究進展》，2008年第2期。

好壞的征兆。在所有題刻中，明確將"石魚出水"與年歲豐凶緊密聯繫的，經粗略統計約占全部題刻的近4%。"石魚出水"就預示著豐年有望，故題刻中多"豐稔""豐年""豐登""年豐可占"等文字。其中，白鶴梁石魚就來源於古代涪陵人民的具體勞動實踐與積極探索，凝聚著古代涪陵人民水文觀測的寶貴經驗與智慧，所以石魚報歲、預時、警示的功能十分強大。

長江水位、流量、流速、水溫等水情變化引發"石魚出水"，必然引起涪陵及其周邊地區的氣溫、降雨、植被、土壤含水量等發生變化，進而作用於周邊的各種農業生產活動。

在農田水利基本建設方面，參考洪枯水題刻的記載，進行江河溪流堤壩的建設、塘沱的開發，沿江河坡度舒緩地帶農田的開發種植，沿江河地帶城鎮建設等等。在農事活動安排方面，參考題刻可以進行農作物的選擇性種植。長江枯水現象的出現，大約以十年為期，這樣，在農作物的種植上，當地居民就會考慮適當擴大或縮小耐旱或耐澇作物的種植面積，以此保證每年的豐收，同樣還影響到收支分配等，最終影響莊稼的長勢，年歲的豐歉，人民生活的貧困與安康。

同樣，從上述竺可楨先生的研究也可見，從氣候變化與土壤、植被、自然災害、農業生產和牧業生產等關係密切可以推測，氣候由暖向冷的變化會影響土壤、植被、自然災害的發生，也會影響農業和牧業生產的效率，從而形成對中國歷史上經濟和社會的巨大影響。

從枯水題刻的記載來看，作為白鶴梁最低水位標誌的石魚，它出現的年份實際上是枯水階段的最後一年，此後長江的水位一般會逐年增高。因此，出現最低水位後，可以預計當年仲春以後的水位必然比往年同期有所提高，但又不會馬上出現洪水。水位的變化很大程度反映在了降雨的增加上，而降雨的增加無疑是農業豐收的有利條件。自1949年以來，已有三次（即1953、1963、1973年）"石魚出水"的現象，並且當年的降雨充足，農業獲得豐收。由此看來，石魚題刻在某種程度上也是歷史上長江上游農業豐收的記錄。

## 四、洪枯水題刻與社會史研究

　　中華民族的文明史，從一定意義上說就是一部興水利、除水害的歷史。中國人民在對江河湖泊的不懈治理與開發保護的過程中，在水事活動中爲中華民族創造了巨大的物質財富和寶貴的精神財富。水事活動是人與水打交道的行爲過程，包括用水、治水、管水、護水、觀水、記水、樂水等實踐行爲，也包括人們對水的認識、反映、表現等精神活動。洪水枯水題刻是人們通過觀水、記水進而很好地用水的重要活動。在這個活動中，人們積累了經驗，匯聚了智慧，形成了具有一定特點的思維方式和工作方式，影響著人們的思想觀念和情感，蘊含著對水事活動的理性思考所形成的社會意識，形成巨大的精神財富。

　　洪水枯水題刻的形成並非一個簡單的活動，是人們對江河洪水枯水的理性思考的結晶，是對江河洪枯水頻度等認識的歷史積澱和現實活動，是運用概念、判斷、推理等思維方式，探求事物內在的、本質的聯繫的活動，反映著一種社會意識。對洪水枯水題刻與社會意識、社會變遷的探討，將進一步提高對唐宋社會史、文化史及三峽地區史的認識，而相關問題的探討也會爲今天提供有益的借鑒。

　　近年來，隨著中國社會史研究的深入，以分水、治水、管水、護水爲主要表現的"水利社會"研究在"華北學派"和"華南學派"的大力推動下，取得了豐碩的成果。而以觀水、記水來指導用水，進行洪水枯水題刻活動，進而與社會意識演變和社會變遷結合的研究還沒有起步。

　　就目前的研究，對洪水枯水題刻的出現所蘊含的古人深刻的社會觀念和社會意識，除了在"白鶴梁題刻"的研究中與涪陵易理文化的發展稍有結合外，很少能看到實質性的成果。將洪水枯水題刻與中國古代歷史演變、文化發展、社會變遷結合起來，綜合認識的成果還比較少。

　　以題刻與社會觀念凸顯爲例，從題刻的形成可以看水文記錄與天人合一、人與自然和諧共處的希求，了解古代對水文記錄的經驗總結和規律性的認識等。

　　長江中上游地區的居民將江水枯而石現或者石魚出現視爲豐年之兆，這種樸素地觀察水文、氣候與農事關係的習俗代代相傳。晉義熙三年二月八日《靈石社日記》就記載："年豐氣和，物寧其極。"① 到了唐代，靈石題刻上都有兆豐年的記載，而白鶴梁所記鄭令珪題記亦以"見魚爲豐年之兆"。自宋代往後，幾大枯水題刻中，大量的内容都反映出每年正月前後，長江水位達到最低點，石魚或現出水面，地方士人或三五成群，或郡守率幕僚同遊江上，或吟詠抒情，乘興賦詩，鐫刻記事，爲一時之風氣。這種景象，充分反映出當地自官員到普通民衆的所有人對這種活動的認識和重視，他們希望在那一年的正月石魚出水，讓他們的美好希求與自然變化達到同步，實現天人合一、人與自然和諧共處。同樣，長期持續不斷的觀水、記水活動，人們對水位的變化有了較爲准確的認識，白鶴梁石魚魚眼的位置所標示的海拔高程就是明證。而大量洪水題刻對於洪水水位的標示，成爲人們進行城鎮、道路、碼頭等基礎設施建設活動中重要的規律性認識。

從社會史研究的角度我們還可以看到題刻與社會群體認識的關係，從題刻内容分析與水相關人員的思想道德、價值觀念、行爲規範；看題刻與儒家知識分子以天下爲己任、以民生爲視角的特點，從題刻來分析國家、官府、民衆與水文觀測記錄之間的聯繫；進一步認識唐宋時期官民之間的溝通聯繫等等，對這些問題的研究將極大地提高洪水枯水題刻的文獻價值。

洪水題刻一般字數少，記載簡單。枯水題刻往往内容較爲豐富，且涉及人物較多。以白鶴梁爲例，題刻中有不少題名者往往存在一定的血緣親情關係，且標出題名者的郡望，這一類題刻可以稱之爲姓族題刻。據不完全統計，白鶴梁題刻共涉及如兩宋皇族趙氏，黄、賈、濮、高、朱、文、晁、張甚至毌丘等不同地域的姓氏約五十餘個、一百三十餘人。其中不乏歷史文化名人，他們家世顯赫，地位尊貴，聲望高，其言論、行爲、事迹爲社會所高度關注。研究白鶴梁題刻的姓族，不僅對於深入考察白鶴梁題刻所體現和反映的姓氏家族文化有重要價值，而且通過挖掘這些家族的社會影響力，探究其對三峽地區政治、經濟、社會、文化等方面的影響和貢獻，具有重大意義。題刻文

---

① （宋）陳思：《寶刻叢編》，《歷代碑志叢書》第一册，南京：江蘇古籍出版社1998年版。

獻還反映出古人的郡望，白鶴梁涉及大約一百五十餘個地名，來自全國不同地區的官員及其親屬、幕僚等等，將不同地域的文化特色、生活習慣等帶到了當地，因此不同地域文化的交融和匯合也在此表現出來。

對長江三峽地區以唐宋時期爲主的洪水枯水題刻進行搜集、整理、分類，可以看到題刻蘊含著深刻內涵，它凸顯了觀水、記水的社會觀念，幫助我們認識古代農業社會中的社會群體，體現了社會各階級、階層之間的聯繫，表現出社會不同等級在水文觀測、水資源利用中的地位和作用，彰顯了水與古代社會文化發展變遷的密切關係。因此，通過認識題刻記錄，把握古代社會的民本意識、憂患意識、群體意識、等級意識、發展意識、和諧意識等等，是將題刻文獻的內涵進行進一步挖掘的重要任務。

## 五、洪枯水題刻與文化史研究

洪枯水題刻彰顯社會文化的變遷，表現爲與水相關的社會文化，貫穿著社會文化教育、科學技術等，表現爲水文觀測能力的不斷提高、題刻與地方社會經濟文化發展的關係等等，增強對中國古代社會和文化的認識，從歷史發展和社會關係的角度來探討中國古代洪水和枯水題刻的出現及其所反映的內容。

以白鶴梁題刻來看，其不僅是中國，而且是世界上延續時間最長、文字數量和記錄數目最多的枯水水文題刻，其歷史、文化和藝術價值早已爲世人矚目。白鶴梁題刻具有極高的藝術價值，特別表現在書法和篆刻方面。白鶴梁題刻多出自歷代文人墨客之手，以北宋著名文學家、書法家黃庭堅的"元符庚辰涪翁來"題刻最爲著名。梁上還留有龐恭孫、朱昂、王士禎等歷代三百多位文化名人的詩文題刻，其內容或記事或抒情，有題名、題記、題詩等形式。從書法的角度看，篆書、隸書、楷書、行書、草書諸體皆備。題刻除漢字外，還有蒙文。圖像則包括石魚圖、白鶴時鳴圖、佛神像、秤斗圖等，題刻刻工精湛，有綫雕、浮雕，或圖章鎊刻，或運用模擬術刻，或運用漢代畫像石刻，或仿造像記等手法。是中國書法和篆刻藝術中的珍貴資料。近年來，對白鶴梁題刻的詩、書等文化藝術方面的探討已經有了一些。

從科技史的角度來看，近年來長江流域水庫、大壩的修建，都參考了歷史時期洪水枯水題刻的記録，並形成了一定的成果，本文不再闡述。

總之，對長江中上游地區古代洪水枯水題刻文獻價值的把握、利用和相關研究的開展，難度較大。首先要進行資料搜集與分類整理，一方面，需要對現存的不少題刻實物資料進行實地考察，由於時代久遠，有些題刻字迹模糊不清，需要我們長時間地辨識、釋讀。另一方面，三峽大壩蓄水，大量的實物資料永沉江底，因此傳世文獻的輯録非常重要。儘管目前已能搜集到不少清代以前的江河治理和水文題刻等資料，但還不全面，需要在此基礎上進行分類整理，做到論從史出。其次，要進行文獻分析與綜合研究，對相關的石刻文獻、古代典籍和今人著述中的相關内容進行辨析，去粗取精，去僞存真。運用出土材料與傳世文獻相互印證，歷史與邏輯相統一的方法，對涉及的相關資料進行分析和綜合研究，弄清基本的史實，進而探尋其歷史特徵和發展變化的特點與規律，對題刻所反映的各個方面的内容進行綜合性研究，運用歷史學、考古學、歷史地理學、經濟學、社會學的理論和方法，充分而全面地探討。

長江中上游地區古代洪水枯水題刻，數量多，内容豐富，内涵深刻，但目前的研究在以質量爲標杆的純學術研究方面還明顯不足，對多學科視角的綜合性研究方面也存在不足。因此，對文獻的搜集整理、分類介紹、特徵總結，將爲研究的進一步開展奠定良好的基礎，同時結合傳世文獻、考古資料等對題刻文獻的記載，進行多學科綜合研究，將推動三峽地區史、巴蜀歷史文化、荊楚歷史文化、唐宋歷史、中國水利史等相關研究的進步。

# 北宋题刻

## 謝昌瑜題記　開寶四年（971）

　　□□□□□□□□□大夫、檢校太子賓客兼監察御史武騎尉□□

　　黔南左都□□銀青光禄大夫、檢校太子賓客兼監察御史武騎尉□□

　　知黔州事銀青光禄大夫、檢校工部尚書、上柱國謝□□

　　據左都押衙謝昌瑜等狀申：大江中心石梁上，□□古記及水際有所鐫石魚兩枚。古記云，唐廣德二年春二月歲次甲辰，江水退，石魚出現，下去水四尺。問古老，咸云江水退，石魚見，即年豐稔，時刺史、州團練使鄭令珪記。自廣德二年甲辰歲，至開寶四年歲次辛未二月辛卯朔十日丙□，□餘年，今又復見者，覽此申報，邀請通判□□□徒巡檢司徒軍州官吏等。因命舟楫□□□□，古記實不謬矣。於戲美哉，盛事直逢□□□□昭代斯乃呈祥，有以表吾皇之聖化遠。

　　記之兼尋具奏聞紀時大宋開寶

　　西□□官銀青

　　右班殿直郎

　　奉義郎守

　　宣德郎守監

〔注釋〕

①檢校太子賓客：《宋史·職官九》載，檢校官名。北宋前期檢校官十九階之第十七階。除閤門通事舍人、內殿崇班以上，初授及加恩帶檢校太子賓客。元豐三年九月罷。

②監察御史：《宋代官制辭典》載，職事官名，隸御史臺察院。宋初，多外任或在京領他局。太平興國三年（978），置專職監察御史，在臺供職，主彈劾事；祠祭，則兼監祭使。宋初因唐制，正八品上。

③武騎尉：《宋史·職官九》載，勳級名。北宋列爲勳官十二轉之第一轉，即最末一轉。從七品上。太宗定爲幕職州縣官、京官加勳之始級。

④知黔州事：即黔州知州。《宋史·地理五》載：黔州、黔中郡、軍事、武泰軍節度。紹定元年（1228），升紹慶府。

⑤銀青光祿大夫：《宋史·職官九》載，北宋文散官第五階，從三品。

⑥檢校工部尚書：《宋史·職官九》載，檢校官名。北宋前期檢校官十九階之第十四階。宗室特除諸司使或換授諸司使以上官，加。

⑦上柱國：《宋史·職官九》載，勳級名。北宋勳級之第十二轉，最高一等。正二品。

⑧左都押衙：《宋會要輯稿·職官》四七之二引《兩朝國史志》載，爲北宋前期，在節度觀察州（節鎮州）設置的衙吏之一。

⑨謝昌瑜：無考。

⑩廣德二年：唐代宗李豫年號，公元764年，歲次甲辰，這是白鶴梁已知的最早確切紀年。

⑪州團練使：全名州團練守捉使。唐代官職，負責一方團練（自衛軍）的軍事官職，地位低於節度使。

⑫鄭令珪：唐廣德年間涪州刺史，此記載可補郁賢皓《唐刺史考全編》涪州刺史之失載。

⑬右班殿值郎：殿值郎階官名，爲小使臣，類分右班、左班。政和二年（1112）右班殿值改名保義郎，左班殿直改名成忠郎。

⑭奉義郎：北宋階官。

⑮宣德郎：《宋史·職官九》載，北宋文散官，正七品。

⑯守監：北宋監當官。

〔徵引文獻論著題録〕

❶《所見録》　　　❷《石魚題刻》　　❸《金石補正》
❹《水下碑林》　　❺《水文站》　　　❻《文物圖集》
❼《三峽國寶》　　❽《貴博》　　　　❾《西南石刻》
❿《重慶總目》
⓫汪耀奉：《長江涪陵白鶴梁歷史枯水題刻研究應用》，《水文》1999年2期。

## 朱昂題詩記　端拱元年（988）

涪州江心有巨石，隱於深淵，石旁刻二魚。古記云：魚出，歲必大豐。端拱元年十二月十有四日，昂自瞿塘回遵，途於此，知郡琅琊王公□云："石魚再出，來歲復稔。"昂往而觀之，果如所云，因歌聖德，輒成一章。

朝請大夫、行尚書庫部員外郎、峽路諸州水陸計度轉運使、柱國朱昂上。

欲識豐年兆，揚鬐勢漸浮。只應同在藻，無復畏吞鉤。去水非居轍，爲祥勝躍舟。須知明聖代，涵泳杳難儔。

〔注釋〕

①朱昂：《宋史》卷四三九文苑一有傳。

②涪州：宋代屬夔州路。《宋史·地理五》載：涪州，下，涪陵郡，軍事。熙寧三年（1070），廢溫山縣爲鎮。大觀四年，廢白馬砦。咸淳二年（1266），移治三臺山。元豐戶一萬八千四百四十八。貢絹。縣三：涪陵、樂溫、武隆。

③二魚：據《謝昌瑜題記》可知，此二魚的鐫刻在唐廣德元年之前，應

爲已知的白鶴梁上最早的兩尾石魚。

④琅琊王公：指涪州知州王公（名無考），琅琊人。

⑤朝請大夫：宋代文散官名，從五品，第十三階。

⑥尚書庫部員外郎：尚書省兵部設庫部司員外郎。

⑦峽路：特指以夔州爲中心的今川江水道以及川東鄂西一帶；據《續資治通鑒長編》卷十四載："峽路"治夔州（又名雲安郡，今三峽奉節縣），領"遂、合、渝、瀘、昌、開、達、渠、巴、蓬、資、戎、涪、忠、萬、夔、施十七州及廣安、梁山、雲安三軍"。

⑧水陸計度轉運使：宋初，曾派若干轉運使赴各地供辦軍需，事畢即撤。宋太宗時，爲削奪節度使的權力，於各路設轉運使，稱"某路諸州水陸轉運使"，其官衙稱"轉運使司"，俗稱"漕司"。轉運使除掌握一路或數路財賦外，還兼領考察地方官吏、維持治安、清點刑獄、舉賢薦能等職責。宋真宗景德四年（1007）前，轉運使職掌擴大實際上已成爲一路之最高行政長官。以後，陸續設立了提點刑獄司、安撫司等機構分割轉運使的權力。若以兩省五品以上官任，或需兼領數路財賦者，稱"都轉運使"，隨軍轉運使則因事而設。《宋史·職官七》載：掌經度一路財賦，而察其登耗有無，以足上供及郡縣之費；歲行所部，檢察儲積，稽考帳籍，凡吏蠹民瘼，悉條以上達，及專舉刺官吏之事。

⑨柱國：《宋史·職官九》載，勛級名。宋代爲十二級勛官第二級，從二品，政和三年（1113）罷。

〔徵引文獻論著題錄〕

❶《所見錄》　　❷《同治涪州志》　　❸《石魚題刻》
❹《金石補正》　❺《水下碑林》　　　❻《水文站》
❼《文物圖集》　❽《三峽國寶》　　　❾《貴博》
⓫《西南石刻》　⓫《重慶總目》
⓬曾超、張正武：《西南地區白鶴梁題刻唐宋涪州牧考釋》，《長江師範學院學報》2013年1期。

## 劉忠順等唱和詩　皇祐元年（1049）

留題涪州石魚詩一章。

轉運使、尚書主客郎中劉忠順。

七十二鱗波底鐫，一銜蓂草一銜蓮。出來非共貪芳餌，奏去因同報稔年。方客遠書徒自得，牧人嘉夢合相先。前知上瑞宜頻見，帝念民饑刺史賢。

無逸謹次韻和轉運郎中留題涪江雙魚之什。

尚書屯田員外郎、知梁山軍水丘無逸。

誰將江石作魚鐫，奮鬣揚鬐似戲蓮。今報豐登當此日，昔模形狀自何年。雪因呈瑞爭高下，星以分宮較後先。八使經財念康阜，寄詩褒激守臣賢。

聖宋皇祐元年正月十二日。

知軍州事鄒霖命工刻石。

新授安州雲夢縣令恭士燮書。

〔注釋〕

①轉運使：見《朱昂題詩記》。

②尚書主客郎中：尚書省禮部設主客郎中，掌管少數民族及外國賓客接待之事。

③劉忠順：《全宋詩》載其《留題涪州石魚》與《留題資聖寺宗己嘉遁居》各一首。道光《晉江縣誌》卷六〇《人物志·宗己》記載了泉州知州劉忠順給高僧宗己在泉州承天寺的居所名爲"嘉遁"事。《福州府志》載，嘉祐三年（1058）六月，劉忠順以衛尉少卿由泉州移知福州。

④七十二鱗：最早鐫刻在白鶴梁上的雙魚，每魚刻有三十六片魚鱗。

⑤一銜蓂草一銜蓮：唐宋以來，流行動物銜蓮、水草等設計題材，在玉佩、石刻、瓷器上多有體現。魚銜蓮爲吉祥之象徵，魚銜蓂草（或萱草）有

忘憂之表示。宋代詩人向子諲的《鷓鴣天·壽大夫》中就有"葵花向日枝枝似，萱草忘憂日日長"的詩句。

⑥尚書屯田員外郎：尚書省工部下設屯田司，置屯田郎中、員外郎，掌屯田、營田、職田、學田、官莊之政令及其租入種刈興修給納諸事。

⑦梁山軍：宋開寶三年（970），以石氏屯田務置梁山軍，亦名高梁郡，治梁山縣（今重慶市梁平縣），隸夔州路。

⑧水丘無逸：水丘，復姓。五代有臨安人水丘昭券，吳越國武肅王錢鏐婆、母兩代出自水丘氏家族。《全宋詩》收錄此詩，但將作者誤爲丘無逸。

⑨鄒霖：字仲說，天禧三年（1019年）進士，由浙江錢塘遷居常州，歷任筠州推官，尚書都官，涪州、鼎州知州。爲常州鄒氏始祖，娶孫氏，生一子戩，至和元年（1054）卒。其父鄒元慶，字進發，任宋東頭供奉官，娶周氏，生十子（常州城內十子街地名即源於此）。其中鄒賈、鄒覃、鄒霖皆中進士，其餘七子散居四方。（關於常州鄒氏相關情況，主要參閱上海圖書館藏鄒元瀛等纂修《餘姚北城鄒氏宗譜》，光緒六年〔1880〕敦睦堂木活字本；江蘇省常州市圖書館藏，鄒瑞發、鄒松南主修《江蘇武進毗陵鄒氏趙墅宗譜》，光緒十一年〔1885〕顯忠堂木刻活字印本；中國社會科學院歷史研究所圖書館藏，吳敏纂修《江蘇武進鄒氏家乘》四十八卷，光緒十四年〔1888〕敦睦堂鉛印本。）

⑩安州：宋代屬荊湖北路。《宋史·地理四》載，德安府，中，安陸郡，安遠軍節度。本安州。天聖元年（1023），隸京西路，慶曆元年還本路。宣和元年（1119），升爲府。開寶中，廢吉陽縣……縣五：安陸、應城、孝感、應山、雲夢。

⑪雲夢縣：宋代荊湖北路有德安府（安州），轄雲夢縣，今湖北雲夢。

⑫恭士燮：無考。

〔徵引文獻論著題錄〕

❶《所見錄》　　❷《同治涪州志》　　❸《石魚題刻》
❹《金石補正》　❺《水下碑林》　　　❻《水文站》
❼《文物圖集》　❽《三峽國寶》　　　❾《貴博》

❿《重慶總目》

⓫王曉暉：《北宋涪州知州考略》，《長江師範學院學報》2012年9期。

⓬曾超、張正武：《西南地區白鶴梁題刻唐宋涪州牧考釋》，《長江師範學院學報》2013年1期。

## 武陶遊石魚題名記　嘉祐二年（1057）

遊石魚題名記。

尚書虞曹外郎、知郡事武陶熙古，涪忠州巡檢、殿直侍其瓘純甫，郡從事傅顏希聖。嘉祐二年正月八日謹識。

〔注釋〕

①尚書虞曹外郎：即尚書省工部虞部司員外郎。

②武陶：字熙古。《歐陽修集》載：慶曆四年（1044），武陶任寧化軍通判、大理寺丞，爲人勤幹。嘉祐二年（1057）为涪陵郡守。

③忠州：宋代屬夔州路。《宋史·地理五》載：咸淳府，下，本忠州，南賓郡，軍事。咸淳元年（1265），以度宗潛邸，升府。元豐户三萬五千九百五十。貢綿繡。縣三：臨江、墊江、南賓。南渡後，增縣二：豐都、龍渠。

④巡檢：宋代於沿邊、沿江、沿海置巡檢司，掌訓練甲兵，巡邏州邑，職權頗重，後受所在縣令節制。

⑤殿直：宋武散官名，有左班殿直與右班殿直。

⑥侍其瓘：字純甫。嘉祐二年（1057）涪州忠州巡檢，殿值。元豐元年（1078）權知邵州。《續資治通鑒長編》卷二九〇載："六月癸卯朔，日有食之。權知邵州侍其瓘言，扶竹水山猺梁義等願附招納，籍爲省民，隸邵陽縣，輸丁身錢米。詔荆湖南路安撫司問義，如不願往湖北，即邵州安存之。"

⑦郡從事：《宋代官制辭典》載，隸屬於州郡長官的幕職官，協辦郡（府州軍監）政，總理諸案文移。

⑧傅顏：字希聖。

〔徵引文獻論著題録〕

❶《所見録》　　❷《石魚題刻》　　❸《金石補正》
❹《水下博物館》　❺《水下碑林》　　❻《水文站》
❼《文物圖集》　　❽《三峽國寶》　　❾《貴博》
❿王曉暉：《北宋涪州知州考略》，《長江師範學院學報》2012 年 9 期。
⓫曾超、張正武：《西南地區白鶴梁題刻唐宋涪州牧考釋》，《長江師範學院學報》2013 年 1 期。

劉仲立題記　嘉祐二年（1057）

　　民掾劉仲立正臣、憲掾劉煥仲章、涪陵宰□□□良輔，嘉祐二年仲春同遊此，謹志。
　　教授徐爽□之監鑴。

〔注釋〕

①民掾：即司户參軍，也稱爲户掾，掌户籍賦税、倉庫受納。
②劉仲立：字正臣。涪州司户參军。
③憲掾：即司法參軍，掌刑法斷獄。
④劉煥：字仲章。涪州司法參军。
⑤宰：指縣令。
⑥仲春：春季第二個月，農曆二月。
⑦教授：指涪州州學教授。《宋史·职官七》載，宋代府州軍監學教授，始設於仁宗慶曆四年（1044），總領州學，並以經書、儒術、行義訓導諸學生徒，掌功課、考試之事，糾正違犯學規者。
⑧徐爽：字□之。涪州州学教授。

〔徵引文獻論著題録〕

❶《所見録》　　❷《石魚題刻》　　❸《金石補正》

❹《水下碑林》　　❺《文物圖集》　　❻《三峽國寶》

## 都儒縣主簿題記　嘉祐八年（1063）前

攝都儒縣主簿知令尉公事□□□。

〔注釋〕

①本題刻無紀年，通過對"都儒（一作都濡）縣"的考證，可確定此題記應在宋嘉祐八年（1063）之前。《輿地廣記》卷三三載："都濡縣，唐貞觀二十年析盈隆置，皇朝嘉祐八年省。"《元豐九域志》卷八《利州路·夔州路》也記載："嘉祐八年省洪杜、洋水二縣爲寨，信寧、都儒二縣爲鎮。"都濡縣應在今貴州省遵義市務川仡佬族苗族自治縣一帶，唐代縣名因都濡水而得。

②主簿：《宋史·職官七》載，縣令屬官，掌本縣官物出納，註銷簿書。序位在丞之下，尉之上。

③從文字可見，此題記作者爲都濡縣縣尉，攝主簿事。

〔徵引文獻論著題録〕

❶《水下碑林》　　❷《文物圖集》

## 馮君錫題記　治平三年（1066）

郡從事馮玘□君錫、監徵王震伯起、督郵高慨乘節、涪陵令黃君□□□□耆□□□□□瑾公琰，大宋治平丙午正月二十□日，同觀石魚於此，謹誌。

〔注釋〕

①郡從事：見《武陶游石魚題名記》。

②監徵：《宋代官制辭典》載：即監鎮，監當官名，掌管火禁、巡邏盜賊，兼徵稅、專賣酒及出納會計。

③王震：字伯起。

④督郵：指録事參軍。《宋代官制辭典》載，位序在諸曹參軍之上。原爲漢代郡守佐官，掌糾舉違法及獄訟等事，其執掌與録事參軍事近，宋代遂有將州府録事參軍稱之爲"督郵"。

⑤高慨：字乘節。涪州録事參軍。

⑥黄君：涪陵县令，名字無考。

〔徵引文獻論著題録〕

❶《所見録》　　❷《石魚題刻》　　❸《金石補正》
❹《水下碑林》　❺《文物圖集》　　❻《三峽國寶》

## 徐莊等題記　熙寧元年（1068）

大宋熙寧元年正月二十日，軍事判官徐莊，同巡檢、供奉王安民，監税、殿直王克岐，知樂溫縣鍾浚，涪陵縣令趙君儀，司理參軍李襲觀石魚題名，涪陵尉鄭階平書。

二石魚在江心石梁上，古記云，出水四尺，歲必大稔。袁能刻。

〔注釋〕

①軍事判官：《宋史・職官七》載，幕職官名。爲州郡屬官，協理州郡事。

②徐莊：涪州軍事判官。無考。

③巡檢：見《武陶游石魚題名記》。

④供奉：《宋史・職官九》載，階官名。

⑤王安民：無考。

⑥監税：《宋代官制辭典》載，監當官名，掌徵收商税。

⑦殿直：見《謝昌瑜題記》。

⑧王克歧：無考。

⑨樂溫：宋代夔州路涪州所轄縣。《宋史·地理五》載，涪州，下，涪陵郡，軍事。熙寧三年（1070），廢溫山縣爲鎮。大觀四年（1110），廢白馬砦。咸淳二年（1266），移治三臺山。元豐戶一萬八千四百四十八。貢絹。縣三：涪陵、樂溫、武隆。

⑩鍾浚：熙寧元年（1068）爲樂溫縣令。《續資治通鑒長編》載，元祐八年（1093），淮南提點刑獄鍾浚根究王鞏在任日穢惡狼籍，實跡具存，遂謫爲監當，而轍亦恬然自若，略不引咎。又，《嘉泰吳興志》載，鍾浚，左朝請郎，紹聖元年（1094）七月初五日到任，二十四日卒於郡。似爲同一人。

⑪趙君儀：無考。

⑫司理參軍：《宋史·職官七》載，開寶六年（973），置諸州司寇參軍，太平興國四年（979）改爲司理參軍，主要掌訟獄勘鞫公事。

⑬李襲：涪州司理參軍。

⑭鄭階平：涪陵縣尉。

〔徵引文獻論著題錄〕

❶《所見錄》　　　❷《同治涪州志》　　❸《石魚題刻》
❹《金石補正》　　❺《水下博物館》　　❻《水下碑林》
❼《水文站》　　　❽《文物圖集》　　　❾《三峽國寶》
❿《西南石刻》　　⓫《重慶總目》

## 韓震等題記　熙寧七年（1074）

都官郎中韓震靜翁，屯田外郎費琦孝琰，侄伯叔景先，進士馮造深道、盧覬彥通。暇日，因陪太守、駕部員外郎姜齊顏亞之同觀石魚。按舊記，大和洎廣德年，魚去水四尺，是歲稔熟。今又過之，其有秋之祥歟！熙寧七年正月二十四日題。

〔注釋〕

①都官郎中：《宋代官職辭典》載，宋都官郎中掌徒流、配隸及京師各官署吏職補換更替，或以功過屢減磨勘。

②韓震：字静翁。（嘉慶）《四川通志》載，井研人，慶曆中進士，官朝議大夫。

③屯田外郎：即尚書省工部屯田司員外郎。

④費琦：字孝琰，成都人。《淨德集·朝散郎費君墓誌銘》載其爲皇祐中進士。历仕興元府户曹參軍，遷合州赤水縣令，秘書省著作佐郎，熙寧中通判蜀州、绵州。元豐三年（1080）正月卒，年五十四。嘉祐五年（1060）正月，費琦任赤水县令時，周敦頤至赤水縣，費琦陪同周敦頤游龍多，唱和詩共八首。爲紀念這次龍多之游，費琦令人將這八首唱和詩鐫刻於崖壁。

⑤伯叔：費琦的侄子費伯叔，字景先。《净德集》載，費琦有一子，名伯高。

⑥馮造：字深道。

⑦盧覯：字彦通。

⑧太守：即涪州知州。

⑨駕部員外郎：尚書省兵部設駕部司，置郎中、員外郎。

⑩姜齊顔：字亞之。

⑪舊記：指白鶴梁前代題記。

⑫洎：到、及。

〔徵引文獻論著題録〕

❶《所見録》　❷《同治涪州志》　❸《石魚題刻》
❹《金石補正》　❺《水下碑林》　❻《水文站》
❼《文物圖集》　❽《三峽國寶》　❾《重慶總目》
❿王曉暉：《北宋涪州知州考略》，《長江師範學院學報》2012 年 9 期。

⓫曾超、張正武：《西南地區白鶴梁題刻唐宋涪州牧考釋》，《長江師範學院學報》2013 年 1 期。

黃覺等題記　熙寧七年（1074）

夔州奉節縣令權幕通川黃覺莘老、戶掾平原李綬公敏、掌獄鄴都梁鈞佐袞臣，熙寧甲寅孟春二十九日，泛輕舟同觀石魚在此。

[注釋]

①夔州：宋代屬夔州路。《宋史·地理五》載，夔州，都督府，雲安郡，寧江軍節度。州治初在白帝城，景德三年（1006），徙城東。建炎三年（1129），升夔、利兵馬鈐轄。淳熙十五年（1188），帥臣帶歸、峽州兵馬司。元豐戶一萬一千二百一十三。貢蜜、蠟。縣二：奉節、巫山。

②奉節：宋代屬夔州，今重慶市奉節縣，見上述"夔州"。

③權幕：即由幕職官權任路府州縣長官。宋代州縣缺官，朝廷未派或所派新官因故未到任之前，允許同級官員或現任次官權攝其職，而非朝廷命官或曾犯罪的官員不得權攝。本題刻中黃覺即由幕職官權任奉節縣令。關於幕職官，在宋代，州級行政屬官由幕職官與諸曹官兩部分組成。幕職官簡稱職官或幕職，主要由簽判（全稱是簽書〔署〕某軍節度判官廳公事）、節度（或防禦、團練、軍事）判官及推官、節度掌書記、觀察支使諸職；諸曹官則有錄事參軍、司理參軍、司法參軍、司戶參軍。在文臣階官體系中，這些職官與縣令、主簿、縣尉共同組成幕職州縣官，又稱選人，是文階官中最基層的一部分。（作爲階官體系的幕職州縣官〔選人制度〕已有諸多研究成果。如金中樞的《北宋選人七階試釋》，載《宋史研究集》〔臺灣宋史座談會編〕第九集；朱瑞熙的《宋代幕職州縣官的薦舉制度》，載《文史》第27輯，中華書局，1987年；鄧小南的《宋代文官選任制度諸層面》，河北教育出版社，1993年；王雲海、苗書梅的《宋代幕職州縣官及其改官制度》，載《慶祝鄧廣銘教授九十華誕論文集》，河北教育出版社，1997年；祖慧的《宋代的選人制度》，載《岳飛研究》第四輯，中華書局1996年；苗書梅的《宋代官員選任和管理制度》，河南大學出版社，1996年。）

④通川：宋代屬夔州路。《宋史·地理五》載：達州，上，通川郡，軍事。本通州。乾德三年改……縣五：通川、巴渠、永睦、新寧、東郷。南渡後，增縣一：通明。

⑤黄覺：字莘老，達州（通川郡）人。（嘉慶）《四川通志》卷三三載，其為治平年間（1064—1067）進士。

⑥户掾：州司户參軍。

⑦平原：河北東路德州平原縣，今山東平原縣。《宋史·地理二》載，德州，上，平原郡，軍事。

⑧李綬：字公敏。

⑨掌獄：州司理參軍。

⑩鄴都：北宋無鄴都。宋以前鄴都之名有二：一是建安九年，曹操平定袁紹，營建鄴城，後定爲王都。曹丕在此受禪登基稱帝后移都洛陽，仍以鄴城爲五都之一，史稱鄴都（在今河北省臨漳縣）。一是五代後唐以魏州爲興唐府，號即爲鄴都（在今河北大名東北）。兩地相距不過百里。

⑪梁鈞佐：字袞臣。

⑫孟春：春季的首月。春季三月，第一月爲孟春，第二月爲仲春，第三月爲季春，這裏即指正月。

〔徵引文獻論著題録〕

❶《所見録》　　❷《同治涪州志》　　❸《石魚題刻》
❹《金石補正》　　❺《水下博物館》　　❻《水下碑林》
❼《水文站》　　　❽《文物圖集》　　　❾《三峽國寶》

熙寧水位題記　熙寧七年（1074）

熙寧七年，水齊至此。

〔注釋〕

①此題刻無人名。

②題刻記録了水位高度。

〔徵引文獻論著題録〕

❶《水下碑林》　　❷《水下博物館》


## 鄭覬題記　元豐八年（1085）

知郡事鄭覬願叟遊石梁，觀故内相朱公石魚留題，元豐乙丑正月□□□日題。男知□、知□、知常、知榮侍行。

〔注釋〕

①鄭覬：字願叟，昌州大足人，元豐八年至九年（1085—1086）涪州知州。《大足縣誌》載："鄭覬，治平中進士，年份無考。"

②内相：唐、宋翰林學士别稱。

③朱公：指朱昂。

④男知□、知□、知常、知榮：均爲涪州知州鄭覬之子。

〔徵引文獻論著題録〕

❶《金石補正》　　❷《水下碑林》　　❸《文物圖集》

❹《三峽國寶》

❺王曉暉：《北宋涪州知州考略》，《長江師範學院學報》2012年9期。

❻曾超、張正武：《西南地區白鶴梁題刻唐宋涪州牧考釋》，《長江師範學院學報》2013年1期。


## 吴縝題記　元豐九年（1086）

元豐九年歲次丙寅二月七日，江水至此魚下五尺。權知涪州、朝請大夫鄭顗願叟，權判官石諒信道同觀，權通判黔州、朝奉郎吳縝廷珍題。

〔注釋〕

①元豐九年（1086），元豐只有八年，元豐九年丙寅即哲宗即位改元的元祐元年。西南偏遠，故改元較晚。

②權知：即權任官。宋代，州縣缺官，朝廷未派或所派新官因故未到任之前，允許同級官員或現任次官權攝其職，而非朝廷命官或曾犯罪的官員不得權攝。如轉運使、副，提點刑獄、提舉常平等監司官可以互相權攝，或由大州知州權領，知州闕須由通判權任，通判闕由幕職官或知縣兼權，知縣闕則由主簿、縣丞兼權等。

③朝請大夫：元豐三年（1080）後廢文散官，遂爲新寄禄官十七階。

④鄭顗：見《鄭顗題記》。

⑤判官：宋代以州軍置判官，以節度、團練、防禦、觀察、軍事等名，輔助州、軍長官處理地方事務。

⑥石諒：字信道，眉州人。元符三年（1100）爲江安知縣，嫁女爲黃庭堅兒媳，《山谷別集》卷五有《定石氏書》記載此事。

⑦黔州：宋代夔州路下轄黔州，治所在今重慶市彭水縣。

⑧朝奉郎：元豐三年（1080）後廢文散官，遂爲新寄禄官二十二階。

⑨吳縝：字廷珍，成都人。嘗以朝散郎知蜀州，歷典數郡，皆有惠政。通文史，善校讎，著有《新唐書糾謬》二〇卷、《五代史纂誤》五卷等。

〔徵引文獻論著題錄〕

❶《所見録》　❷《同治涪州志》　❸《石魚題刻》
❹《水下博物館》　❺《水下碑林》　❻《三峽國寶》
❼王曉暉：《北宋涪州知州考略》，《長江師範學院學報》2012 年 9 期。
❽曾超、張正武：《西南地區白鶴梁題刻唐宋涪州牧考釋》，《長江師範學院學報》2013 年 1 期。

## □兆思題記　元祐五年（1090）

太原□兆思，元祐五年正月十五日。

〔注釋〕

①太原：《宋史·地理二》載，河東路，府三：太原，隆德，平陽。太原府，太原郡，河東節度。太平興國四年，平劉繼元，降爲緊州，軍事，毀其城，移治於榆次縣。又廢太原縣，以平定、樂平二縣屬平定軍，交城屬大通監。七年，移治唐明監。舊領河東路經略、安撫使。元豐爲次府，大觀元年（1107）升大都督府。崇寧戶一十五萬五千二百六十三，口一百二十四萬一千七百六十八。貢大銅鑑、甘草、人參、礜石。縣十：陽曲、太谷、榆次、壽陽、盂、交城、文水、祁、清源、平晉。監二：大通、永利。

②□兆思：無考。

〔徵引文獻論著題錄〕

❶《金石補正》　　❷《水下碑林》　　❸《石魚題刻》
❹《三峽國寶》

## 王珪直等題記　元祐五年（1090）

王珪直、太原遊以忠。元祐五年正月十五日，公執。

〔注釋〕

①王珪直：無考。

②太原：見《□兆思題記》。

③遊以忠：無考。

④公執：本意指可爲公正的憑據，此處可以理解爲以此爲證。

〔徵引文獻論著題録〕

❶《所見録》　　❷《水下碑林》　　❸《石魚題刻》
❹《金石補正》

## 楊嘉言題記　元祐六年（1091）

聖宋元祐六年辛未二月望日，聞江水即下，因率同僚判官錢宗奇子美、涪陵縣令史詮默師、主簿張微明仲、縣尉蒲昌齡壽朋，至是觀唐廣德魚刻并大和題紀，朝奉郎、知軍州事楊嘉言令緒題。

〔注釋〕

①望日：即農曆十五日。

②判官：見《吴縝題記》。

③錢宗奇：字子美。

④史詮：字默師。

⑤張微：字明仲。

⑥蒲昌齡：字壽朋。（嘉慶）《四川通志》載，順慶人，元祐中進士。

⑦廣德魚刻：指《謝昌瑜題記》中提到的唐廣德年間涪州刺史、團練使鄭令珪題記。

⑧大和題記：唐文宗大和年間（827—835）題記，内容不見，年份不明。

⑨朝奉郎：見《吴縝題記》。

⑩楊嘉言：字令緒，元祐六年（1091）知涪州軍州事。《漳州府志》載，紹聖四年（1097），以朝散郎任漳州知州事，至崇寧二年（1103）。《讀史方輿紀要》載，崇寧三年（1104）爲處州太守。浙江《麗水縣誌》也記載："煙雨樓，郡守楊嘉言建，范成大書榜。"

〔徵引文獻論著題錄〕

❶《所見錄》　　❷《同治涪州志》　❸《石魚題刻》

❹《金石補正》　❺《水下博物館》　❻《水下碑林》

❼《水文站》　　❽《文物圖集》　　❾《三峽國寶》

❿《貴博》

⓫王曉暉：《北宋涪州知州考略》，《長江師範學院學報》2012 年 9 期。

⓬曾超、張正武：《西南地區白鶴梁題刻唐宋涪州牧考釋》，《長江師範學院學報》2013 年 1 期。

## 姚珏等題記　元祐八年（1093）

元祐癸酉正月中瀚前一日，郡守姚珏率幕賓錢宗奇、涪陵令杜致明、主簿張微、縣尉蒲昌齡、武龍令袁天倪遊覽。因記歲月，巡檢王恩繼至。

〔注釋〕

①中瀚：即中浣，每月初一至初十稱"上浣"，十一至二十稱"中浣"，二十一至三十稱"下浣"。"中浣前一日"即初十日。

②姚珏：涪州知州。

③幕賓：官員手下的謀士和食客，又稱幕賓、幕友、幕客。

④錢宗奇：見《楊嘉言題記》。

⑤杜致明：涪陵縣令。

⑥張微：見《楊嘉言題記》。

⑦蒲昌齡：見《楊嘉言題記》。

⑧武龍：宋代屬涪州。《宋史·地理五》載：涪州，下，涪陵郡，軍事……縣三：涪陵，下；樂溫，下；武隆，下。宣和元年（1119），改武隆縣爲枳縣，紹興元年（1131）依舊。今重慶市武隆縣。

⑨袁天倪：武隆縣令。

⑩巡檢：見《武陶游石魚題名記》。

⑪王恩：涪州等州巡檢。

〔徵引文獻論著題錄〕

❶《所見錄》　　　❷《同治涪州志》　　❸《石魚題刻》

❹《金石補正》　　❺《水下博物館》　　❻《水下碑林》

❼《文物圖集》　　❽《三峽國寶》

❾王曉暉：《北宋涪州知州考略》，《長江師範學院學報》2012 年 9 期。

❿曾超、張正武：《西南地區白鶴梁題刻唐宋涪州牧考釋》，《長江師範學院學報》2013 年 1 期。

涪翁題記　元符三年（1100）

元符庚辰，涪翁來。

〔注釋〕

①涪翁：即黃庭堅（1045—1105），字魯直，自號山谷道人，晚號涪翁，洪州分寧（今江西修水）人。北宋詩人、詞人、書法家，爲盛極一時的江西詩派開山之祖。英宗治平四年（1067）進士。歷官葉縣尉、北京國子監教授、校書郎、著作佐郎、秘書丞等。哲宗立，召爲校書郎、《神宗實錄》檢討官。後擢起居舍人。紹聖初，新黨謂其修史"多誣"，貶涪州別駕，安置黔州等地。徽宗初，羈管宜州卒。

②此題刻長期以來一直被認爲黃庭堅所題。但多有學者對其否認，如重慶市博物館胡昌健在《涪陵白鶴梁"元符庚辰涪翁來"題刻考》中寫道：從題刻文字字形、字體、筆意等方面，從黃庭堅兩次路過涪州時間，從題刻在白鶴梁上的位置等多方面進行了考證，認爲其並非黃庭堅所題，應該是在南宋紹興十八年（1148）至嘉定十三年（1220）間，由別人模仿黃庭堅所題。

〔徵引文獻論著題錄〕

❶《所見錄》　　❷《同治涪州志》　　❸《石魚題刻》
❹《金石補正》　　❺《水下博物館》　　❻《水下碑林》
❼《水文站》　　❽《文物圖集》　　❾《三峽國寶》
❿《貴博》　　⓫《重慶總目》
⓬胡昌健：《涪陵白鶴梁"元符庚辰涪翁來"題刻考》，《四川文物》2003年第1期。
⓭李金榮：《涪陵白鶴梁題"元符庚辰涪翁來"考辨》，《重慶社會科學》2006年第5期。

## 楊元永題記　崇寧元年（1102）

郡之西津，江□□□□□□□□，自唐以前至本□□□□□□□兆。大宋崇寧元年□□□□□□，考驗□刻，悉符人□□□□□□□□□，泛舟來觀，至者十一人。知郡事弘農楊元永剛中，奉議郎河□□□□叔，從事江陵孫曦叟敦卿、□□太原王正卿良弼，涪陵令雲安符正中直夫，錄參潁川蔡忱節信，樂溫縣令會籍賀致中慎發，理掾祥符楊緯文叔，民掾京兆田子良漢傑，涪陵薄冀陽張延年希逸，尉趙郡宇文湛深之，是月中澣後一日致中□命書。

〔注釋〕

①知郡事：即指涪州知州。

②弘農：西漢元鼎四年（前113），漢武帝設立弘農郡，郡治在函谷關邊，縣名也是弘農，故址在今天河南省三門峽市靈寶市東北，唐朝時，弘農郡分爲陝州、虢州，從此失去郡名，虢州仍治弘農縣。《宋史·地理三》載，虢州，雄，虢郡，軍事。崇寧户二萬二千四百九十，口四萬七千五百六十三。貢麝香、地骨皮、硯。縣四：盧氏；虢略，中，唐弘農縣，建隆初，改常農，至道三年（997），改今名，熙寧四年，省玉城縣爲鎮入焉；朱陽；欒川。可

見，到北宋時，弘農縣先改爲常農，後以州名改爲虢略。從此弘農不再作爲地名使用。弘農郡是令人矚目的地區，是天下楊姓第一望族——弘農楊氏的聚居地。

③楊元永：字剛中，出自弘農楊氏。《費縣誌》載，元祐五年至六年（1090—1091），楊元永曾任山東費縣知縣。元祐六年（1091），主持重建顔魯公廟。在曹輔撰寫的碑文《唐魯郡顔文忠公新廟記》中，記載"元祐六年，洪農楊君元永爲邑之二年也"，此"洪農"即"弘農"。

④奉議郎：《宋史·職官九》載，元豐三年（1080）後廢文散官，遂爲新寄禄官二十四階。

⑤從事：州郡屬官，掌督促文書舉非法事。

⑥江陵：《宋史·地理四》載，江陵府，次府，江陵郡，荆南節度。舊領荆湖北路兵馬鈐轄，兼提舉本路及施、夔州兵馬巡檢事。建炎二年（1128），升帥府。四年（1130），置荆南府、歸峽州、荆門公安軍鎮撫使，紹興五年（1135）罷。始制，安撫使兼營田使；六年（1136），爲經略、安撫使；七年（1137）罷經略，止除安撫使。淳熙元年（1174），還爲荆南府。未幾，復爲江陵府制置使。景定元年，移治於鄂。咸淳十年，荆湖、四川宣撫使兼江陵府事。崇寧户八萬五千八百一，口二十二萬三千二百八十四。貢綾、紵、碧澗茶芽、柑橘。縣八：江陵、公安、潛江、監利、松滋、石首、枝江、建寧。

⑦孫曦叟：字敦卿，江陵人。崇寧元年（1102）爲涪州郡從事。《續資治通鑒》載，政和五年（1115）朝廷"以趙遹爲瀘南招討統制使……孫曦叟、王良弼應副錢糧，並聽遹節制"。十二月，癸亥，置瀘南沿邊安撫司，以孫曦叟爲集賢殿修撰，知瀘州，充安撫使。《北宋經撫年表南宋制撫年表》載，政和七年（1117）以孫曦叟節制綿茂軍。重和元年（1118）孫曦叟知成都。《宋會要輯稿·職官六九黜降官六》載，宣和元年（1119）正月二十三日，詔："龍圖閣學士、知成都府孫曦叟遠守西蜀，明見用紅傘迎神，不行焚毁，落職，降五官，與宮觀。"《北宋經撫年表南宋制撫年表》載，宣和三年（1121），徽猷閣直學士、大中大夫孫曦叟爲江南西路帥臣（指江南西路安撫司的長官，或稱安撫使，或稱經略安撫使。即"江南西路馬步軍都總管、知洪州鎮南軍節度管內觀察使、洪州刺史事，領洪虔吉袁撫筠六州、興國建昌

南安臨江四軍")。宣和三年（1121）六月至五年（1123），知廣州。

⑧太原：見《□兆思題記》。

⑨王正卿：字良弼，太原人。《續資治通鑒》載，政和五年（1115）朝廷"以趙遹爲瀘南招討統制使……孫羲叟、王良弼應副錢糧，並聽遹節制"。

⑩雲安：見《黃覺等題記》"夔州"條。

⑪符正中：字直夫，雲安人，崇寧元年（1102）涪陵縣令。

⑫録參：録事參軍。

⑬潁川：唐改爲長社縣，改郡爲許州，宋爲潁昌府。《宋史·地理一》載，潁昌府，次府，許昌郡，忠武軍節度。本許州。元豐三年（1080），升爲府。崇寧四年（1105），爲南輔，隸京畿。大觀四年（1110），罷輔郡。政和四年（1114），復爲輔郡，隸京畿。宣和二年（1120），復罷輔郡，依舊隸京西北路。崇寧户六萬六千四十一，口一十六萬一百九十三。貢絹、簟席。縣七：長社、郾城、陽翟、長葛、臨潁、舞陽、郟。

⑭蔡忱：字節信，古潁川人。

⑮樂溫：見《徐莊等題記》。

⑯會稽：《宋史·地理四》載，紹興府，本越州，大都督府，會稽郡，鎮東軍節度。大觀元年（1107），升爲帥府。舊領兩浙東路兵馬鈐轄。紹興元年（1131），升爲府。崇寧户二十七萬九千三百六，口三十六萬七千三百九十。貢越綾、輕庸紗、紙。縣八：會稽、山陰、嵊、諸暨、餘姚、上虞、蕭山、新昌。

⑰賀致中：字慎發，會稽人，崇寧元年涪州樂溫縣令。

⑱理掾：司理參軍。

⑲祥符：漢於今開封一代置浚儀、開封二縣，宋改浚儀縣稱祥符縣。《宋史·地理一》載：開封府，縣十六：開封、祥符（赤，東魏浚儀縣，大中祥符二年（1009）改〔按：宋代慣以年號名地〕）、尉氏、陳留、雍丘、封丘、中牟、陽武、延津、長垣、東明、扶溝、鄢陵、考城、太康、咸平。

⑳楊緯：字文叔，祥符人。

㉑民掾：司户參軍。

㉒京兆：《宋史·地理三》載，京兆府，京兆郡，永興軍節度。本次府，

大觀元年（1107）升大都督府。舊領永興軍路安撫使。宣和二年（1120），詔永興軍守臣等銜不用軍額，稱京兆府。崇寧戶二十三萬四千六百九十九，口五十三萬七千二百八十八。貢鞾氈、蠟、席、酸棗仁、地骨皮。縣十三：長安、樊川、鄠、藍田、咸陽、涇陽、櫟陽、高陽、新平、醴泉、武功、乾祐。監二。

㉓田子良：字漢傑，京兆人。

㉔冀陽：北宋無冀陽。先，北魏時曾於遼東置冀陽郡。

㉕張延年：字希逸，冀陽人，涪陵縣主簿。

㉖趙郡：《宋史·地理二》載，慶源府，望，趙郡，慶源軍節度。本趙州，軍事。大觀三年，升爲大藩。崇寧四年（1105），賜軍額。宣和元年（1119），升爲府。崇寧戶三萬四千一百四十一，口六萬一百三十七。貢絹、綿。縣七：平棘、寧晉、臨城、高邑、隆平、柏鄉、贊皇。

㉗宇文湛：字深之，趙郡人，涪陵縣尉。

㉘中澣：每月初一至初十稱"上浣"或"上澣"，十一至二十稱"中浣"或"中澣"，二十一至三十稱"下浣"或"下澣。"中澣後一日"即二十一日。

〔徵引文獻論著題錄〕

❶《所見錄》　　❷《石魚題刻》　　❸《金石補正》
❹《水下碑林》　❺《文物圖集》　　❻《三峽國寶》
❼《貴博》
❽王曉暉：《北宋涪州知州考略》，《長江師範學院學報》2012年9期。
❾曾超、張正武：《西南地區白鶴梁題刻唐宋涪州牧考釋》，《長江師範學院學報》2013年1期。

## 孫義叟等題記　崇寧元年（1102）

崇寧元年正月二十四日，同雲安符直夫、臨江宇文深之來，觀故内相朱公留題,裴回久之,四世孫仲隱,李□,孫羲叟敬書。會稽賀致中侍行。

〔注釋〕

①雲安:《宋史·地理五》載,宋代夔州路設雲安軍。雲安軍,同下州。開寶六年,以夔州雲安縣建爲軍。建炎三年爲軍使。元豐户一萬一千七十五。貢絹。縣一:雲安。監一:雲安。治所在今重慶市雲陽縣。

②符直夫:見《楊元永題記》。

③臨江:夔州路忠州下轄臨江縣。前《楊元永題記》載宇文深之爲趙郡人,此處題爲臨江,或指其於臨江任職。

④宇文深之:見《楊元永題記》。

⑤内相:見《鄭覬題記》。

⑥朱公:指朱昂。

⑦會稽:見《楊元永題記》。

⑧賀致中:見《楊元永題記》。

〔徵引文獻論著題錄〕

❶《所見錄》　　❷《石魚題刻》　　❸《金石補正》
❹《水下碑林》　　❺《三峽國寶》

## 太守楊公留題　崇寧元年(1102)

太守楊公留題。

邀客西津上,觀魚出水初。長江多巨石,此地近仙居。所記皆名筆,爲祥舊春書。豐年知有驗,遣秉利將舒。戲草春波靜,雙鱗樂意徐。不才叨郡寄,燕喜槐蕭疎。

〔注釋〕

①太守楊公：結合《楊元永題記》《孫義叟等題記》來判斷，指崇寧元年（1102）知郡事弘農楊元永。

〔徵引文獻論著題錄〕

❶《所見錄》　　❷《石魚題刻》　　❸《金石補正》
❹《水下博物館》　❺《水下碑林》　　❻《水文站》
❼《文物圖集》　　❽《三峽國寶》　　❾《重慶總目》

## 龐恭孫題記　大觀元年（1107）

　　大宋大觀元年正月壬辰，水去魚下七尺，是歲夏秋果大稔，如廣德大和所紀云。二年正月壬戌，朝奉大夫、知涪州軍州事龐恭孫記。

　　左班殿直、兵馬監押王正卿，將仕郎、州學教授李賁，通仕郎、錄事參軍杜咸寧，通仕郎、涪陵縣令權簽判張永年，將仕郎、司理參軍黃希説，將仕郎、涪陵縣主簿向脩，將仕郎、涪陵縣尉胡施。進士韓翱書。

〔注釋〕

①朝奉大夫：《宋史·職官九》載，元豐三年（1080）後廢文散官，遂爲新寄禄官十九階。

②龐恭孫：字德孺，武城（今屬山東）人，北宋名臣龐籍之孫。《宋史·龐籍傳》附有龐恭孫傳記，但對知涪州事記載不詳。《續資治通鑒》記載道："崇寧中，以斬叛蠻向文疆功，擢知涪州。"龐恭孫在涪州的活動，與此地少數民族活動密切相關。又《讀史方輿紀要》載，政和二年（1112），"徙知成都，以開邊爲己任"。《宋史》亦載："席旦上章劾才叔爲奸利斂困諸蕃之狀，宰相不悦，代以龐恭孫，而徙旦永興。恭孫俄罪去，加旦述古殿直學士，復

知成都。"

③左班殿直：見《謝昌瑜題記》。

④兵馬監押：《中國歷代官稱辭典》載，宋代諸路統兵官，爲資歷低強者充任路統兵官的稱謂。掌本路軍旅屯戍、營防、訓練之政令。

⑤王正卿：字良弼。崇寧元年（1102）爲涪陵郡從事。見《楊元永題記》。

⑥將仕郎：元豐三年（1080）後廢文散官，設新寄禄官三十七階迪功郎。崇寧改爲將仕郎，用以代軍巡判官。司理、司法、司户參軍，主簿，縣尉。政和又改迪功郎。仍爲最低階第三十七階。南宋於迪功郎下，再增置通仕、登仕、將仕三郎，以奏補未出身官人。

⑦州學教授：見《劉仲立題記》。

⑧李貫：涪州州學教授。

⑨通仕郎：原從政郎，崇寧時改爲通仕郎，文散官。

⑩録事參軍：見《楊元永題記》。

⑪杜咸寧：涪州録事參軍。

⑫權簽判：簽判，即簽署判官廳公事，協理郡政。權，即權攝，官員代理上一級職務。

⑬張永年：涪州簽判。

⑭司理參軍：見《徐莊等題記》。

⑮黄希説：涪州司理參軍。

⑯向脩：涪州涪陵縣主簿。

⑰胡施：涪州涪陵縣尉。

⑱韓翱：進士。無考。

〔徵引文獻論著題録〕

❶《所見録》　　❷《同治涪州志》　　❸《石魚題刻》

❹《金石補正》　❺《水下博物館》　　❻《水下碑林》

❼《水文站》　　❽《文物圖集》　　　❾《三峽國寶》

❿《貴博》　　　⓫《重慶總目》

⑫王曉暉：《北宋涪州知州考略》，《長江師範學院學報》2012年9期。

⑬曾超、張正武：《西南地區白鶴梁題刻唐宋涪州牧考釋》，《長江師範學院學報》2013年1期。

## 王蕃詩並序　政和二年（1112）

　　□解□□□，道出涪陵，司馬機才孺爲涪陵督郵，實攝郡事。政和壬辰正旦之明日，拉觀石魚，且率賦詩，遂爲一篇。沂國王蕃。
冬旱江成渚，維魚記石棱。滋濡春遂足，狼淚歲將盈。

〔注釋〕

①司馬機：字才孺，政和二年以涪州錄事參軍身份，攝郡事。

②督郵：宋代指州錄事參軍，位序在諸曹參軍之上。督郵原爲漢代郡守佐官，掌糾舉違法及獄訟等事，其執掌與錄事參軍事近。宋代遂有將州府錄事參軍稱之爲"督郵"。

③正旦：農曆正月初一。

④沂國：沂國或非郡望。宋仁宗時，宰相王曾封沂國公，死後無子，以其弟子出繼爲嗣。王蕃或爲其後人，遂冠以沂國之名。

⑤王蕃：無考。

〔徵引文獻論著題錄〕

❶《所見錄》　　❷《石魚題刻》　　❸《金石補正》
❹《水下碑林》　❺《水文站》　　　❻《文物圖集》
❼《三峽國寶》　❽《貴博》

❾王曉暉：《北宋涪州知州考略》，《長江師範學院學報》2012年9期。

❿曾超、張正武：《西南地區白鶴梁題刻唐宋涪州牧考釋》，《長江師範學院學報》2013年1期。

### 蒲蒙亨題記　政和二年（1112）

　　閬中蒲蒙亨彥開，通川牟天成聖俞，同觀石魚。政和壬辰孟春二十三日。

〔注釋〕

①閬中：《宋史·地理五》載，閬州，上，閬中郡。乾德四年（966），改安德軍節度。紹興十四年（1144），隸東路。端平三年（1236），兵亂。淳祐三年（1243），移治大獲山。崇寧户四萬三千九百三十六，口一十七萬九百七。貢蓮綾。縣七：閬中、蒼溪、南部、新井、奉國、新政、西水。

②蒲蒙亨：字彥開，閬中人。涪州司理參軍。

③通川：《宋史·地理五》載，達州，上，通川郡，軍事。本通州。乾德三年（965）改。乾德五年（967）廢閬英、宣漢二縣。熙寧六年（1073），省三岡縣；七年（1074），省石鼓縣，分隸通川、新寧、永睦散仙。元豐户四萬六百四十。貢紬。縣五：通川、巴渠、永睦、新寧、東鄉。南渡后，增縣一：通明。

④牟天成：字聖俞，通川人。涪陵縣尉。

〔徵引文獻論著題録〕

❶《所見録》　　❷《同治涪州志》　　❸《石魚題刻》
❹《金石補正》　❺《水下博物館》　　❻《水下碑林》
❼《水文站》　　❽《文物圖集》　　　❾《三峽國寶》
❿《貴博》

### 蒲蒙亨再題　政和二年（1112）

　　政和二年正月二十三日，司理蒲蒙亨率涪陵令周禧，尉牟天成同觀石魚。

〔注釋〕

①司理：司理參軍。見《徐莊等題記》。

②蒲蒙亨：見《蒲蒙亨題記》。

③周禧：涪陵縣令。

④牟天成：見《蒲蒙亨題記》。

〔徵引文獻論著題錄〕

❶《所見録》　　❷《石魚題刻》　　❸《金石補正》
❹《水下博物館》　❺《水下碑林》　　❻《文物圖集》
❼《三峽國寶》

## 吳革題記　宣和四年（1122）

易以包無魚爲遠民，民故可近不可遠。余牧是邦久矣，今歲魚石呈祥，得以見豐年，而知民之不遠也。即塵顯妙，有開必先，余樂斯二者，遂率賓僚共爲之游，時宣和四年十二月十三日。朝散大夫、通判軍州事常彥，奉議郎、前通判達州權司録事李全，修武郎、兵馬都監曹綰，宣教郎、權司士曹事王拱，迪功郎、涪陵縣尉張時行。朝奉郎、權知軍州事吳革題。

〔注釋〕

①易以包無魚爲遠民：《易經·姤卦》載，九四：包無魚，起凶。意思即是：庖廚沒有魚，行動有凶險。初四應而不能和，故繫"包無魚"。九四強行應初，則遇二三兩陽爻阻止，故斷"起凶"以戒之。象曰，無魚之凶，遠民也。易之例，陽爲君，陰爲民。九四難應初六，故言"遠民也"。

②朝散大夫：元豐三年（1080）後廢文散官，遂爲新寄禄官十八階。

③通判軍州事：即通判。《宋史・職官五》載，宋代，爲了防止州郡長官職權過重、尾大不掉，又在州郡設通判，作爲副職，與權知軍、州事共同處理政事，其職責爲："凡兵民、錢谷、户口、賦役、獄訟聽斷之事，可否裁決，與守臣通簽書施行。"通判還有一個職責："所部官有善否及職事修廢，得刺舉以聞。"

④常彦：涪州通判。

⑤奉議郎：元豐三年（1080）後廢文散官，遂爲新寄禄官二十四階。

⑥通判達州：即達州通判。

⑦權司録事：代理録事參軍。

⑧李全：無考。

⑨修武郎：元豐三年（1080）後廢武散官，遂爲新寄禄官四十七階。

⑩兵馬都監：此爲州府都監，掌本城屯駐、兵甲、訓練、差事之事。

⑪曹綰：涪州兵馬都監。

⑫宣教郎：元豐三年（1080）後廢文散官，遂爲新寄禄官二十六階。

⑬權司士曹事：即代理士曹參軍事。

⑭王拱：字應辰。后爲權涪州知州事。

⑮迪功郎：元豐三年（1080）後廢文散官，遂爲新寄禄官三十七階。崇寧改將仕郎，政和又改迪功郎。

⑯張時行：涪州涪陵縣尉。

⑰朝奉郎：元豐三年（1080）後廢文散官，遂爲新寄禄官二十二階。

⑱吴革：宣和年間出任涪州知州，南宋建立後，歷任江西轉運副使、兩浙轉運使，曾知衢州等地。王曉暉在《白鶴梁題刻所見涪州知州吴革考辨》中，對兩宋四個著名的"吴革"進行了考辨。

〔徵引文獻論著題録〕

❶《所見録》　　❷《同治涪州志》　　❸《石魚題刻》
❹《金石補正》　❺《水下博物館》　　❻《水下碑林》
❼《水文站》　　❽《文物圖集》　　　❾《三峽國寶》
❿《貴博》　　　⓫《重慶總目》

⑫王曉暉：《北宋涪州知州考略》，《長江師範學院學報》2012 年 9 期。

⑬曾超、張正武：《西南地區白鶴梁題刻唐宋涪州牧考釋》，《長江師範學院學報》2013 年 1 期。

⑭王曉暉：《白鶴梁題刻所見涪州知州吳革考辨》，《三峽大學學報》2014 年 1 期。

## 毌丘兼孺等題記　宣和七年（1125）

閬中毌丘兼孺，南榮句惇夫，眉山劉大全、孫伯達，宣和乙巳正月八日同來。毌丘光宗，孫若訥、若拙侍行。

〔注釋〕

①閬中：見《蒲蒙亨題記》。

②毌丘兼孺：閬中人。毌丘氏爲閬中著姓。甘肅省隴南市武都區有萬象洞，洞內有歷代留題、碑刻數十處，其中有《萬象洞偶成詩碑》，詩作者爲宋光宗紹熙元年（1190）階州知州毌丘恪，字厚卿，閬中人。（李龍文主編《蘭州碑林藏甘肅古代碑刻拓片精華》，甘肅人民美術出版社，2010 年。）

③南榮：即榮州。

④句惇夫：無考。

⑤眉山：宋代成都府路眉州有眉山縣。《宋史·地理五》載，眉州，上，通義郡，至道二年，升爲防禦。崇寧戶七萬二千八百九，口一十九萬二千三百八十四。貢麩金、巴豆。縣四：眉山、彭山、丹棱、青神。

⑥劉大全：名純常，字大全，眉州眉山人。（參見《陳似題記》《文悅等題記》。）

⑦孫伯達：名之才，字伯達。（參見《陳似題記》《文悅等題記》）。（嘉慶）《四川通志》載爲眉山人，政和中進士。

⑧毌丘光宗：或爲毌丘兼孺子。

⑨孫若訥、若拙：或爲孫伯達子。

〔徵引文獻論著題錄〕
- ❶《所見錄》
- ❷《同治涪州志》
- ❸《石魚題刻》
- ❹《金石補正》
- ❺《水下博物館》
- ❻《水下碑林》
- ❼《文物圖集》
- ❽《三峽國寶》

南宋题刻

## 陳似題記　建炎三年（1129）

建炎己酉正月二十一日，憲屬陳似龔卿還恭。攝郡事王拱應辰，送別江皋，僚友不期而會者。周祉受卿、劉純常大全、孫之才伯達、林琪子美，同觀石魚，薄暮而歸。時魚去水六尺。龔卿書。

〔注釋〕

①憲屬：下屬在上官前的自稱，陳似爲王拱的下屬，遂自稱憲屬。

②陳似：字龔卿。《全宋詩》有陳似《龍脊》一首："峽水淵流測益深，砥平鼇脊介江心。簿書叢裏逢休假，雲水光中欣訪尋。拂石四題雞子蔔，艤舟三聽竹枝音。時和撾鼓同民樂，快喜春陽逐衆陰。"爲題雲陽龍脊石所作，應爲同一人。

③王拱：字应辰。

④江皋：江岸，江邊之地。

⑤周祉：字受卿。（見《陳似題記》《文悅等題記》）

⑥刘纯常：字大全。

⑦孙之才：字伯达。

⑧林琪：字子美。

〔徵引文獻論著題錄〕

❶《所見錄》　　❷《石魚題刻》　　❸《金石補正》

❹《水下碑林》　　❺《水文站》　　❻《文物圖集》
❼《三峽國寶》　　❽《西南石刻》
❾王曉暉：《南宋涪州知州考略》，《長江師範學院學報》2014年6期。
❿曾超、張正武：《西南地區白鶴梁題刻唐宋涪州牧考釋》，《長江師範學院學報》2013年1期。

## 劉公亨等題記　建炎三年（1129）

時大宋建炎三年，唐安劉公亨、孫伯達、史時傑、周受卿。

〔注釋〕

①唐安：宋代爲成都府路崇慶府或江原縣。《宋史·地理五》載，崇慶府，緊，本蜀州，唐安郡，軍事。紹興十四年（1144），以高宗潛藩，升崇慶軍節度。淳熙四年（1177），升府。崇寧戶六萬七千八百三十五，口二十七萬三千五十。貢春羅、單絲羅。縣四：晉源、新津、江原（望，唐唐安縣，開寶四年〔971〕改）永康。

②劉公亨：名蒙，字公亨，唐安人。見《文悦等題記》）

③孫伯達：見《毌丘兼孺等題記》。

④史時傑：無考。

⑤周受卿：名祉，字受卿。（見《陳似題記》《文悦等題記》）

〔徵引文獻論著題錄〕

❶《所見錄》　　❷《石魚題刻》　　❸《水下碑林》
❹《三峽國寶》

## 文悦等題記　建炎三年（1129）

成都文悦理之，周祉受卿，唐安周南廷，向文登，劉蒙公亨，劉純常大全、侄庚明孺，孫之才伯達同庭院遊。

〔注釋〕

①此題記無紀年，但其所記人物如周祉受卿、劉蒙公亨、劉純常大全、孫之才伯達等與前兩篇同，故定爲建炎三年（1129）。

②成都：《宋史·地理五》載，成都府，次府，本益州，蜀郡，劍南西川節度。太平興國六年（981），降爲州。端拱元年（988），復爲劍南西川成都府。淳化五年（994），降爲益州，罷節度。嘉祐五年（1060），復爲府。六年（1061），復節度。舊領成都府路兵馬鈐轄。建炎三年（1129），罷兼利州路。紹興元年（1131），領成都路安撫使。五年（1135），兼西路安撫、制置大使。十年（1140）置宣撫，罷制置司，知府帶本路安撫使。十八年（1148），罷宣撫，復制置司；乾道六年（1170），又罷，併歸安撫司。知府仍帶本路安撫使。淳熙二年（1175），復制置司，罷宣撫司。開禧元年，置宣撫，罷制置司。未幾，兩司并置；后罷宣撫，仍置制置大使。嘉定七年（1214），去大字。崇寧戶一十八萬二千九十，口五十八萬九千九百三十。貢花羅、錦、高紵布、牋紙。縣九：成都、華陽、新都、郫、雙流、溫江、新繁、廣都、靈泉。

③文悦：字理之。（嘉慶）《四川通志》載：成都人，宣和中進士。

④周祉：字受卿。

⑤唐安：見《劉公亨等題記》。

⑥周南廷：唐安人，無考。

⑦向文登：唐安人，無考。

⑧劉蒙：字公亨。見《劉公亨等題記》。

⑨劉純常：字大全。

⑩侄庚明孺：劉純常之侄劉庚，字明孺。

⑪孫之才：字伯達。

〔徵引文獻論著題錄〕

❶《所見錄》　　❷《石魚題刻》　　❸《金石補正》

❹《水下碑林》　　❺《文物圖集》　　❻《三峽國寶》

## 趙子遹等觀石魚題名　紹興二年（1132）

　　觀石魚題名。
　　趙子遹述道、崔煒叔明、閻璟國華、李去病仲霍、李宗賢師德、陳革子正、王俶德初，虞中立和甫、王駿德先、鄧奇穎伯、董天成常道，紹興壬子正月三日同遊。

〔注釋〕
　　①趙子遹：字述道。
　　②崔煒：字叔明。
　　③閻璟：字國華。
　　④李去病：字仲霍。
　　⑤李宗賢：字師德。
　　⑥陳革：字子正。
　　⑦王俶：字德初。
　　⑧虞中立：字和甫。
　　⑨王駿：字德先。
　　⑩鄧奇：字穎伯。
　　⑪董天成：字常道。（嘉慶）《四川通志》載，達州人，建炎二年（1128）進士。

〔徵引文獻論著題錄〕
❶《所見錄》　　❷《同治涪州志》　　❸《石魚題刻》
❹《金石補正》　　❺《水下博物館》　　❻《水下碑林》
❼《水文站》　　❽《文物圖集》　　❾《三峽國寶》
❿《貴博》

### 何夢與題記　紹興二年（1132）

金沙何夢與、泉山王德叔，紹興壬子正月四日偕來。

〔注釋〕

①金沙：

②何夢與：無考。

③泉山：在福建晉江縣北，《寰宇記》載泉州即因此爲名。《方輿勝覽》載：漢代東越王居保泉山，即此，又名北山，有石乳泉下達於江，其巔有清源洞，以泉名山及州，以清源名郡，蓋本於此。

④王德叔：無考。

〔徵引文獻論著題録〕

❶《所見録》　　❷《石魚題刻》　　❸《金石補正》
❹《水下博物館》　❺《水下碑林》　　❻《文物圖集》
❼《三峽國寶》　　❽《貴博》

### 种慎思題記　紹興二年（1132）

□□劉意彦至、豹林种佚慎思，皆以職事趨郡，遇故江西李尚義宜仲還自固陵，种法平叔來自南賓。相率挈舟，載酒遊北巖及觀石魚，竟日忘歸，客懷頓釋，殊不知薄官飄零、江山之牢落也。紹興壬子年春初六日，慎思題記。

〔注釋〕

①劉意：字彦至。

②豹林：山谷名。北宋時大儒种放曾隱居於此，其地在今陝西省西安市南終南山麓。种氏原爲洛陽人，种放曾隱居豹林谷，後來其侄种世衡，种世衡之子种諤，种諤之侄种師道等皆爲北宋將領。

③种佚：字慎思，爲豹林种氏後人。

④江西：即江南西路。

⑤李尚義：字宜仲。

⑥固陵：即唐以前巴東郡，唐宋時爲歸州，今湖北西部秭歸一带。

⑦种法：字平叔。从題記来看，与种佚为豹林同族。

⑧南賓：宋代夔州路咸淳府有南賓縣。《宋史·地理五》載：咸淳府，下，本忠州，南賓郡，軍事。咸淳元年（1265），以度宗潛邸，升府。元豐户三萬五千九百五十。貢綿紬。縣三：臨江、墊江、南賓。南渡后，增縣二：豐都、龍渠。南賓即今重慶市石柱土家族自治縣。

⑨北巖：位於涪州長江北岸，程頤曾於此點注易經，有北巖寺，點易洞等。

〔徵引文獻論著題録〕

❶《所見録》　　❷《石魚題刻》　　❸《金石補正》
❹《水下碑林》　　❺《水文站》　　❻《文物圖集》
❼《三峽國寶》

## 李宜仲等題記　紹興二年（1132）

李宜仲率劉意彦至，同种慎思遊。

〔注釋〕

①李宜仲：即李尚義，字宜仲。見《种慎思題記》。

②劉意：字彦至。見《种慎思題記》。

③种慎思：豹林人。見《种慎思題記》。

〔徵引文獻論著題錄〕

❶《所見錄》　　❷《石魚題刻》　　❸《金石補正》
❹《水下碑林》　　❺《文物圖集》　　❻《三峽國寶》

## 蔡惇題記　紹興二年（1132）

　　紹興壬子開歲十有四日，涪陵郡守平陽王擇仁智甫，招雲台奉祠夷門李敏能成之、郡丞開封李寘元輔、太平散吏東萊蔡惇元道，過飲公堂，酒罷，再集江上，泛舟中流。登石梁觀瑞魚。古記，邦人以見魚，爲有年之兆頭。惟侯善政，民已懷之，桑麥之歌，頌聲載道，是以隱於數年而見於一日，故惇喜爲之記。

〔注釋〕

①平陽：南宋兩浙東路溫州有平陽縣。另，《宋史·地理二》載，平陽府，望，平陽郡，建雄軍節度。本晉州，政和六年（1116），升爲府。崇寧户七萬五千九百八，口一十八萬三千二百五十四。貢蜜、蠟燭。縣十：臨汾、洪洞、襄陵、神山、趙城、汾西、霍邑、冀氏、岳陽、和川。

②王擇仁：字智甫，平陽人。涪州知州。

③雲台奉祠：宋代京師有玉清昭應宫、景靈宫、會靈觀、祥源觀等廟宇，在外亦有宮觀，如杭州洞霄宫、亳州明道宫、華州雲台觀、建州武夷觀等。諸宫觀置使、副使、判官等，又有判舉、提點、都監、管勾等名，統稱宫觀官，亦稱祠禄宫，以宰相、執政、翰林學士等兼領。宋初，大臣年老不能任事者，亦常命爲祠禄官，不理政事而予俸禄，以示優禮。神宗熙寧（1068—1077）後，整頓吏治，凡疲老不任事者，皆使任祠禄官，王安石亦欲以此安置反對派，祠禄官人數漸增。因祠禄官主管祭祀，故充任祠禄官稱奉祠。雲台奉祠，即華州雲台觀祠禄官。

④夷門：戰國魏都城的東門，後泛指城門，亦成爲大梁（開封）的別稱。

⑤李敏能：字成之。

⑥郡丞：秦汉以来，为郡守的佐官，唐代废郡丞，代之以长史和别驾，宋代无此职，应该指的是通判。

⑦開封：《宋史·地理一》載，開封府，縣十六：開封、祥符（赤，東魏浚儀縣，大中祥符二年（1009）改〔按：宋代慣以年號名地〕）、尉氏、陳留、雍丘、封丘、中牟、陽武、延津、長垣、東明、扶溝、鄢陵、考城、太康、咸平。

⑧李寔：字元辅。

⑨太平散吏：閒散的官吏，指有官階而無職事的官員。

⑩東萊：即東萊郡。《宋史·地理一》載，萊州，中，東萊郡，防禦。崇寧戶九萬七千四百二十七，口一十九萬八千九百八。貢牛黃、海藻、牡蠣、石器。縣四：掖、萊陽、膠水、即墨。

⑪蔡惇：字元道，萊州繆水人（今山東平度），生於仕宦之家，爲北宋名臣蔡齊侄孫，翰林學士蔡延慶之子。官至直龍圖閣，紹興年間卒於涪州。著有《祖宗官制舊典》和《夔州直筆》。後世避光宗諱，多稱蔡元道。《直齋書錄解題》《郡齋讀書志》《玉海》《宋史·藝文志》《文獻統考》中均記作蔡元道。

〔徵引文獻論著題錄〕

❶《所見錄》　　❷《同治涪州志》　　❸《石魚題刻》
❹《金石補正》　❺《水下碑林》　　　❻《水文站》
❼《文物圖集》　❽《三峽國寶》　　　❾《貴博》
❿《重慶總目》
⓫《中國長江三峽大辭典》有"白鶴梁王擇仁題刻"條。
⓬王曉暉：《南宋涪州知州考略》，《長江師範學院學報》2014年6期。

## 張宗憲題記　紹興二年（1132）

紹興二年十二月初八，汝南張宗憲。

〔注釋〕

①汝南：《宋史·地理一》載，蔡州，緊，汝南郡，淮康軍節度。崇寧户九萬八千五百二，口十八萬五千一十三。貢綾。縣十：汝陽、上蔡、新蔡、褒信、遂平、新息、確山、真陽、西平、平興。

②張宗憲：汝南人。

〔徵引文獻論著題録〕

❶《所見録》　　❷《石魚題刻》　　❸《金石補正》
❹《水下博物館》　❺《水下碑林》　　❻《文物圖集》
❼《三峽國寶》

## 賈公哲等題記　紹興二年（1132）

大宋紹興二年十二月望，賈公哲、曲安祖、李去病、田孝孫、杜伯恭、蔡興宗、張稷、張宗憲觀石魚。

〔注釋〕

①望：望日，農曆十五日。

②賈公哲：無考。

③曲安祖：無考。

④李去病：無考。

⑤田孝孫：《宋史·高宗本紀》載，紹興二十六年（1156）冬十月癸酉，知隨州田孝孫直秘閣，以京西諸司言其公廉儉素，流移安業也。似爲一人。

⑥杜伯恭：無考。

⑦蔡興宗：蔡惇之子。晁公武所撰《郡齋讀書志》轉引蔡惇之子蔡興宗爲《祖宗官制舊典》所撰寫的後叙："《祖宗官制舊典》二卷，右東萊蔡元道所編也，其子興宗叙於後，雲追記祖宗舊典，凡設官任職治民理財之要，與

夫分別流品，謹惜名器之道，合七十七門云。"

⑧張稷：無考。

⑨張宗憲：汝南人。

〔徵引文獻論著題錄〕

❶《所見錄》　　❷《石魚題刻》　　❸《金石補正》
❹《水下博物館》　❺《水下碑林》　　❻《文物圖集》
❼《三峽國寶》

## 蔡興宗等題記　紹興五年（1135）

蔡興宗、耿宗弼、張宗憲。紹興乙卯正月十九日，同觀石魚。

〔注釋〕

①蔡興宗：蔡惇之子。見《賈公哲等題記》。

②耿宗弼：無考。

③張宗憲：汝南人。

〔徵引文獻論著題錄〕

❶《所見錄》　　❷《石魚題刻》　　❸《金石補正》
❹《水下博物館》　❺《水下碑林》　　❻《文物圖集》
❼《三峽國寶》

## 宋艾等題記　紹興六年（1136）

宋艾、邢純、劉藒、李□□、王冠朝。有宋紹興丙辰正月十五日來。

〔注釋〕

①宋艾：無考。

②刑純：無考。

③劉蕰：無考。

④李□□：無考。

⑤王冠朝：無考。

〔徵引文獻論著題錄〕

❶《石魚題刻》　　❷《金石補正》　　❸《水下碑林》

❹《文物圖集》　　❺《三峽國寶》

## 賈思誠等題記　紹興七年（1137）

　　賈思誠彥孚、賈公傑千之、趙子儀景溫、張仲通彥中、張振孫厚之、潘無隅大方、段洵直邦彥，紹興丁巳季冬十有二日同觀石魚。

〔注釋〕

①賈思誠：字彥孚。見《賈思誠題記》。

②賈公傑：字千之。見《賈思誠題記》。

③趙子儀：字景溫。

④張仲通：字彥中。

⑤張振孫：字厚之。

⑥潘無隅：字大方。

⑦段洵直：字邦彥。

⑧季冬：冬季的最後一個月，農曆十二月。

〔徵引文獻論著題錄〕

❶《所見錄》　　❷《石魚題刻》　　❸《金石補正》

❹《水下碑林》　　❺《文物圖集》　　❻《三峽國寶》
❼《黃博》　　❽《重慶總目》

## 賈思誠題記　紹興七年（1137）

涪陵郡城下，大江之中流，有石魚焉，見則爲豐年之兆，父老相傳舊矣。事雖不經，偶茲旱歉，斯民艱食，天或垂憫，貺以有年，千里之□，幸也。爰因休暇，乃率別乘賈公傑千之、田景恁希賢、趙子儀景溫、張振孫厚之、王廣子欽來觀。而石魚出水面數尺，傳言之驗將於斯民共慶之，是可書也。紹興丁巳十二月中休日，左朝散郎、知軍州事澶淵賈思誠彥孚題。

〔注釋〕

①別乘：別駕的別稱。鄒志勇《"別乘"考辨》稱，在唐代代指"別駕"，在宋代則代指"通判"。後世因以別駕爲通判之習稱。

②賈公傑：字千里，一作千之，真定獲鹿（今河北獲鹿）人，賈炎之子，善畫，尤善山水。

③田景恁：字希賢。

④趙子儀：字景溫。

⑤張振孫：字厚之。

⑥王廣：字子欽。

⑦中休日：指每月二十日。所謂"中瀚""中浣"即此日。《宋會要輯稿》可見宋代規定：官員每十天休息一天，在每旬之末日，即每月的初十日、二十日、三十日或二十九日（小月）休假。

⑧左朝散郎：元豐三年（1080）後廢文散官，遂爲新寄祿官二十一階。

⑨澶淵：《宋史·地理二》載，開德府，上，澶淵郡，鎮寧軍節度。本澶州。崇寧四年（1105），建爲北輔。五年（1106），升爲府。宣和二年（1120），罷輔郡，仍隸河北東路。崇寧户三萬一千八百七十八，口八萬二千

八百二十六。貢葰蓨席、南粉。縣七：濮陽、觀城、臨河、清豐、衛南、朝城、南樂。

⑩賈思誠：字彥孚。澶淵人。

〔徵引文獻論著題錄〕

❶《所見錄》　　❷《石魚題刻》　　❸《金石補正》
❹《水下博物館》　❺《水下碑林》　　❻《水文站》
❼《文物圖集》　❽《三峽國寶》　　❾《西南石刻》
❿王曉暉：《南宋涪州知州考略》，《長江師範學院學報》2014 年 6 期。

## 己未題記　紹興九年（1139）

歲在戊午，雙魚出淵，肇自古昔，實維豐年。紹興八年正月初□日，邦人記。是歲果大稔，明天再到後，昔時十有三日，水已肥美。己未正月十□日書。

〔注釋〕

此題記無署名，只有"邦人記"款。

〔徵引文獻論著題錄〕

❶《所見錄》　　❷《石魚題刻》　　❸《金石補正》
❹《水下碑林》　❺《三峽國寶》

## □居安題記　紹興十年（1140）

涪之風俗，□□人日，渡江之北巖探春，□□□予同倅林子美□□□震拉馮□來，□□□□□於□□□紹興庚申□居安題。

〔注釋〕

①人日：即農曆正月初七。白鶴梁題刻中關於人日的題刻較多，人日這一天到江邊聚集，觀水察魚，卜兆年豐等成爲唐宋時期巴蜀地區的重要社會習俗。南北朝時期，梁朝宗懍撰《荆楚歲時記》，其中對"人日"節俗的記載十分詳細，也是歷來史家引用最多的材料。《荆楚歲時記》云："正月七日爲人日，以七種菜爲羹，翦彩爲人，或鏤金箔爲人，以貼屏風，亦戴之頭鬢。又造華勝以相遺，登高賦詩。按董勛《問禮俗》曰：'正月一日爲雞，二日爲狗，三日爲羊，四日爲豬，五日爲牛，六日爲馬，七日爲人，以陰晴占豐耗。正旦畫雞於門，七日帖人於帳。'今一日不殺雞，二日不殺狗，三日不殺羊，四日不殺豬，五日不殺牛，六日不殺馬，七日不行刑，亦此義也。古乃磔雞令畏鬼，今則不殺，未知孰是。荆人於此日向辰，門前呼牛羊雞畜，令來。"

②倅：幕僚。

③林子美：名琪，字子美。

④□居安：無考。

〔徵引文獻論著題錄〕

《石魚題刻》

## 孫仁宅題記　紹興十年（1140）

涪陵江心石上，昔人刻魚四尾，旁有唐識云，水涸至其下，歲則大稔；隱見不常，蓋有官此至終更而不得睹者。紹興庚申首春乙未，忽報其出，聞之欣然，庶幾有年矣。邀倅林琪來觀，從遊者八人：張仲通，高邦儀，晁公武，姚邦孚，仁宅之子允壽，公武之弟公退，公適，邦儀之子寧祖。郡守孫仁宅題。

〔注釋〕

①倅：幕僚。見《□居安題記》。

②林琪：字子美。見《□居安題記》。

③張仲通：字彥中。見《賈思誠等題記》。

④高邦儀：晁公武外兄。

⑤晁公武：孫猛《郡齋讀書志校證》附錄一"晁公武傳略"對晁公武做了最爲詳細的考證。據此可見，晁公武，字子止，號昭德先生，祖籍澶州清豐，晁沖之之子，兄弟可考者五人：兄公休，弟公遡、公榮、公退、公適。學問廣博，不主一家，著有《易詁訓傳》十八卷、《尚書詁訓傳》四十六卷、《中庸大傳》一卷、《春秋詁訓傳》三十卷、《稽古後錄》三十五卷、《昭德堂稿》六十卷、《讀書志》二十卷、《嵩高樵唱》二卷、《讀書志》四卷、《老子通述》二卷、《毛詩傳》二十卷、《石經考異》一卷等著作。約生於1102年至1106年，靖康亂後，入蜀寓居嘉州。高宗紹興二年（1132）進士，初爲四川轉運副使井度屬官。紹興十五年（1145），趙不棄爲四川宣撫司總領錢糧官，辟公武爲其錢糧所主管文字。紹興十七年（1147），以左朝奉郎通判潼川府，尋改知恭州。紹興二十年（1150），知榮州。紹興二十五年（1155）、二十六年（1156），知合州。紹興二十七年（1157），爲潼川府路轉運判官。該年十二月，爲言官論罷。紹興三十二年（1162），知瀘州任。入朝爲吏部郎中，繼除監察御史。孝宗隆興二年（1164），以吏部員外郎兼國史院編修官，旋以樞密院檢詳諸房文字兼。又入台省，爲右正言。遷殿中侍御史兼侍講，擢侍御史。徙户部侍郎。乾道元年（1165），除集英殿修撰，再知瀘州。乾道三年（1167），在都大提舉成都府、利州等路茶事任，除敷文閣待制，知興元府，充利州東路安撫使。乾道四年（1168），爲四川安撫制置使。乾道五年（1169），除敷文閣直學士。乾道六年（1170），改淮南東路安撫使，兼知揚州。乾道七年（1171），知揚州，移知潭州，擢吏部侍郎，除臨安少尹，七月初三罷。晚居嘉州符文鄉，約於孝宗淳熙年間（當在十四年前）卒於嘉州。

⑥姚邦孚：姚邦榮之兄。

⑦孫允壽：涪州知州孫仁宅之子。

⑧晁公退：公武之弟。

⑨晁公適：公武之弟。
⑩高寧祖：高邦儀之子。
⑪孫仁宅：涪州知州，晁氏兄弟之姑父。

〔徵引文獻論著題錄〕

❶《所見錄》　　　❷《同治涪州志》　　❸《石魚題刻》
❹《金石補正》　　❺《水下碑林》　　　❻《三峽國寶》
❼《貴博》
❽晁公武撰，孫猛校证：《郡齋讀書志校证》，上海古籍出版社，1990年。
❾王曉暉：《南宋涪州知州考略》，《長江師範學院學報》2014年6期。
❿李朝軍：《晁公武兄弟在渝事跡考》，《中華文化論壇》2007年3期。

## 晁公武題記　紹興十年（1140）

晁公武邀外兄高邦儀、外弟孫允壽，弟公榮、公退、公適，侄子員、表侄高寧祖、甥王㧱仝觀石魚。紹興庚申正月二十日。

〔注釋〕

①晁公武：見《孫仁宅題記》。
②孫允壽：晁公武外弟，即晁氏兄弟姑父孫仁宅之子。
③高寧祖：晁公武表侄，爲晁公武外兄高邦儀之子。

〔徵引文獻論著題錄〕

❶《所見錄》　　　❷《同治涪州志》　　❸《石魚題刻》
❹《金石補正》　　❺《水下博物館》　　❻《水下碑林》
❼《三峽國寶》

### 馮忠恕等題記　紹興十年（1140）

張仲通、陳靖忠、馮忠恕同觀石魚。紹興庚申正月丙申。

〔注釋〕

①張仲通：字彥中。見《賈思誠等題記》。

②陳靖忠：無考。

③馮忠恕：無考。

〔徵引文獻論著題錄〕

❶《所見錄》　　❷《石魚題刻》　　❸《金石補正》

❹《水下碑林》　❺《文物圖集》　　❻《三峽國寶》

❼《貴博》

### 潘居實等題記　紹興十年（1140）

潘居實去華、袁顏晞之、王良子善、金湜德源、路謙子益、高永子修、錢之諒益友共游觀石魚。紹興庚申正月念三日也。

〔注釋〕

①潘居實：字去華。

②袁顏：字晞之。

③王良：字子善。

④金湜：字德源。

⑤路謙：字子益。

⑥高永：字子修。

⑦錢之諒：字益友。

⑧念三日：即廿三日。

〔徵引文獻論著題錄〕

❶《所見錄》　　❷《石魚題刻》　　❸《金石補正》

❹《水下博物館》　❺《水下碑林》　　❻《文物圖集》

❼《三峽國寶》

## 炎覺先題記　紹興十年（1140）

周訒，种彥琦、彥瑞，姚邦榮、邦孚，李春，杜時發，李恬，紹興庚申歲弍月丙午來，炎覺先書。

〔注釋〕

①周訒：無考。

②种彥琦：長安人。應为豹林种氏。

③彥瑞：种彥琦之弟。

④姚邦榮、邦孚：東平人。

⑤李春：無考。

⑥杜時發：無考。

⑦李恬：無考。

⑧炎覺先：無考。

〔徵引文獻論著題錄〕

❶《所見錄》　　❷《同治涪州志》　❸《石魚題刻》

❹《水下博物館》　❺《水下碑林》　　❻《水文站》

❼《文物圖集》　　❽《三峽國寶》　　❾《西南石刻》

### 張仲通等題記　紹興十年（1140）

二月初七日，張仲通、張修、晁公武、趙子儀來觀。時宋興一百八十年。

〔注釋〕

①張仲通：字彥中。見《賈思誠等題記》。
②張修：無考。
③晁公武：見《孫仁宅題記》。
④趙子儀：無考。
⑤此題記無確切紀年，但有"時宋興一百八十年"，自宋太祖建隆元年（960）至高宗紹興十年（1140），正好一百八十年，遂定爲紹興十年（1140）。

〔徵引文獻論著題錄〕

❶《所見錄》　　❷《同治涪州志》　　❸《石魚題刻》
❹《水下碑林》　❺《文物圖集》　　　❻《三峽國寶》

### 張宗忞等題記　紹興十年（1140）

汝南張宗忞、長安种彥琦、東平姚邦榮、邦孚，石城林玠琮、古雍程覺，紹興庚申二月癸丑來觀。

〔注釋〕

①汝南：見《張宗憲題記》。
②張宗忞：或與張宗憲爲兄弟。

③長安：京兆府有長安縣。見《楊元永題記》。

④种彥琦：豹林谷在長安。种彥琦應該與种慎思、种平叔同爲豹林种氏一族。

⑤東平：《宋史·地理一》載，東平府，東平郡，天平軍節度。本鄆州。慶曆二年（1042），初置京東西路安撫使。大觀元年（1107），升大都督府。政和四年（1114），移安撫使於應天府。宣和元年（1119），改爲東平府。崇寧戶一十三萬三百五，口三十九萬六千六十三。貢絹、阿膠。縣六：須城、陽谷、中都、壽張、東阿、平陰。監一：東平，宣和二年（1120）復置，政和三年（1113）罷。

⑥姚邦榮、邦孚：東平人，邦榮爲兄，邦孚爲弟。

⑦石城：江南西路贛州有石城縣。《宋史·地理四》載，贛州，上。本虔州，南康郡，昭信軍節度。大觀元年（1107），升爲望郡。建炎間，置管內安撫使；紹興十五年（1145）罷，復置江西兵馬鈐轄，兼提舉南安軍、南雄州兵馬司公事。二十三年，改今名。崇寧戶二十七萬二千四百三十二，口七十萬二千一百二十七。貢白紵。縣十：贛、虔化、興國、信豐、雩都、會昌、瑞金、石城、安遠、龍南。

⑧林玠琮：石城人。

⑨古雍：古雍州之地，宋代指秦鳳路鳳翔府一帶。

⑩程覺：古雍人。

〔徵引文獻論著題錄〕

❶《所見錄》　　❷《同治涪州志》　　❸《石魚題刻》
❹《水下博物館》　❺《水下碑林》　　❻《文物圖集》
❼《三峽國寶》

## 張彥中等題記　紹興十年（1140）

　　濟南張彥中，高都王紹沮，紹興庚申仲春十有二日來觀石魚。

彦中之子傑億侍行。

〔注釋〕

①濟南：《宋史·地理一》載，濟南府，上，濟南郡，興德軍節度。本齊州。先屬京東路。咸平四年（1001），廢臨濟縣。元豐元年（1078），割屬京東東路。政和六年（1116），升爲府。崇寧戶一十三萬三千三百二十一，口二十一萬四千六十七。貢綿、絹、陽起石、防風。縣五：歷城、禹城、章丘、長清、臨邑。

②張彦中：即張仲通。見《賈思誠等題記》。

③高都：古縣名。宋代屬河東路澤州。

④王紹沮：無考。

⑤仲春：見《劉仲立題記》。

⑥傑億：張傑億，張彦中之子。

〔徵引文獻論著題錄〕

❶《同治涪州志》　❷《金石補正》　❸《水下博物館》
❹《水下碑林》　❺《水文站》　❻《文物圖集》
❼《三峽國寶》

## 李景旻等題記　紹興十三年（1143）

古汴李景旻、鄧褒、趙子澄、趙公蒙，右四人，紹興十三除前二日俱來，魚在水尚一尺。

〔注釋〕

①古汴：北宋東京，汴之開封。《宋史·地理一》載，開封府，縣十六：開封、祥符（赤，東魏浚儀縣，大中祥符二年〔1009〕改〔按：宋代慣以年號名地〕）、尉氏、陳留、雍丘、封丘、中牟、陽武、延津、長垣、東明、扶

溝、鄢陵、考城、太康、咸平。

②李景尋：字紹祖，古汴人。

③鄧褒：古汴人。

④趙子澄：字處度，古汴人。

⑤趙公蒙：字景初，古汴人。

⑥除：這裏指除夕。

〔徵引文獻論著題錄〕

❶《所見錄》　　❷《石魚題刻》　　❸《金石補正》
❹《水下碑林》　　❺《水文站》　　❻《文物圖集》
❼《三峽國寶》　　❽《貴博》　　　❾《西南石刻》
❿王曉暉：《南宋涪州知州考略》，《長江師範學院學報》2014 年 6 期。

## 杜肇等題記　紹興十四年（1144）

杜肇、任師宏、張文遇、張憶、龐價孺、杜建、鄧褒，紹興甲子正月四日俱來。杜肇之子彥攸侍行。

〔注釋〕

①杜肇：無考。

②任師宏：無考。

③張文遇：無考。

④張憶：無考。

⑤龐價孺：無考。

⑥杜建：無考。

⑦鄧褒：見《李景尋等題記》。

〔徵引文獻論著題錄〕

❶《所見錄》　　❷《同治涪州志》　　❸《石魚題刻》

❹《金石補正》　　❺《水下博物館》　　❻《水下碑林》
❼《三峽國寶》

## 張珆等題記　紹興十四年（1144）

　　唐安張珆，上邽崔慶，固陵冉彬、陽翟蔡適，右四人同觀瑞魚。實紹興甲子六日，以識其來也，故書。

〔注釋〕

①唐安：見《劉公亨等題記》。

②張珆：字廷鎮。唐安人。

③上邽：古縣名，宋代屬秦鳳路秦州，今甘肅天水一帶。

④崔慶：上邽人。

⑤固陵：見《种慎思題記》。

⑥冉彬：固陵人。

⑦陽翟：宋代京西北路潁昌府有陽翟縣，見《楊元永題記》"潁川"。今河南禹州一帶。

⑧蔡適：陽翟人。

〔徵引文獻論著題錄〕

❶《所見錄》　　❷《同治涪州志》　　❸《石魚題刻》
❹《金石補正》　　❺《水下博物館》　　❻《水下碑林》
❼《水文站》　　❽《文物圖集》　　❾《三峽國寶》
❿《貴博》

## 李景旻等再題　紹興十四年（1144）

　　紹興甲子春正月晦，魚全出。李景旻、鄧襃、趙子澄載來，冉彬與焉。

〔注釋〕

①此題刻爲豎排、自左向右書寫，五行，行五字。

②晦：指晦日，即夏曆（農曆）每月的最後一天，即大月三十日、小月二十九日。正月晦日作爲一年的第一晦日即"初晦"，受到古人的重視。南朝梁時期，宗懍的《荆楚歲時記》記載："元旦至於月晦，並爲酺聚飲食。士女泛舟，或臨水宴樂。"

③李景尋：字紹祖，古汴人。見《李景尋等題記》。

④鄧褒：見《李景尋等題記》。

⑤趙子澄：字處度、古汴人。見《李景尋等題記》。

⑥冉彬：固陵人。見《張珆等題記》。

〔徵引文獻論著題錄〕

❶《石魚題刻》　　❷《金石補正》　　❸《水下博物館》

❹《水下碑林》　　❺《水文站》　　❻《文物圖集》

❼《三峽國寶》　　❽《貴博》　　❾《西南石刻》

❿王曉暉：《南宋涪州知州考略》，《長江師範學院學報》2014年6期。

## 晁公遡題記　紹興十五年（1145）

江發岷山，東流入於巴，其下多巨石。霜降潦收，則石皆森然在水上。昔涪之人有即其趾刻二魚，或考其時，蓋唐云。其後始志其出，曰其占有年。前予之至，曾一出，已而歲不宜於稼。及予至，又出。因與荆南張度伯受、古汴趙子澄處度、公曚景初、李景嗣紹祖、楊侃和甫、西蜀張珆廷鎮、任大受虛中往觀，既歸，未逾月而旱。予竊怪其不與傳者協，豈昔之所爲刻者自爲其水之候，而無與於斯耶？抑其出，適丁民之有年，而誇者附之而自神耶？將天以豐凶警於下，而象魚漏之則，懼其不必於政而必於象魚，故爲是不可測者耶？於是歸，三十有六日，乃書此以告後之遊者。是歲紹興十五年正月廿八日也。嵩山晁公遡子西。

〔注釋〕

①荊南：宋置荊南府，今湖北江陵。淳熙四年（1177）改爲江陵府。見《楊元永題記》"江陵"。

②張度：字伯受。荊南人。

③古汴：見《李景孚等題記》。

④趙子澄：字處度。古汴人。

⑤趙公蒙：字景初。古汴人。

⑥李景嗣：字紹祖。古汴人。

⑦楊侃：字和甫。古汴人。

⑧西蜀：即四川盆地一帶。

⑨張珤：見《張珤等題記》。

⑩任大受：字虛中。

⑪嵩山：晁公遡號箕山先生，又號嵩山先生。

⑫晁公遡：一作晁公溯，字子西。號箕山先生，又號嵩山先生，爲晁公武之弟，著有《嵩山集》。《宋元學案補遺》："晁具茨之子，紹興八年進士。"兄晁公武，著名的藏書家、文獻學家。《宋史》無傳，生卒年不可考。惟李心傳《朝野雜史》中有記載，但材料不詳。從晁公遡的文集和已有的資料知，靖康之變後，晁公遡避亂南下，其父晁沖之在寧陵（今河南商丘附近）被金兵殺害，父親死後，晁公遡從寧陵南下，渡江入吳，建炎三年（1129）入蜀。高宗紹興至乾道年間是晁公遡生活的主要時期，先後任涪州判官、施州通判、眉州刺史等職。

〔徵引文獻論著題錄〕

❶《所見錄》　　❷《石魚題刻》　　❸《金石補正》

❹吳盛成：《白鶴梁題刻水下考古新發現及其歷史意義》，載《涪陵特色

文化研究論文集》（第二輯）

❺周晏：《白鶴梁晁公遡題記中的宋儒形象》，《重慶三峽學院學報》2007年6期。

❻曾超、彭丹鳳、王明月：《白鶴梁題刻〈晁公遡題記〉價值小議》，《三峽大學學報》2007年3期。

## 楊諤等題記　紹興十五年（1145）

紹興乙丑仲春上休日，石魚出水四尺，按古記，大有年矣。使院寧□，楊諤，杜嶢，孟宗厚，王注康，爾朱繼臣，幸永，張猷，張□，□□，馬顏，何玠，□□同觀，□□繼至。

〔注釋〕

①仲春：見《劉仲立題記》。

②上休日：即每月初十日，爲宋代官員休假日。

③使院：唐代指節度留后治事之官署，宋代或指宣撫副使，如胡世將《酹江月·秋夕興元使院作》。

④寧□：或爲宣撫副使。

⑤楊諤：無考。

⑥杜嶢：無考。

⑦孟宗厚：無考。

⑧王注康：無考。

⑨爾朱繼臣：無考。

⑩幸永：無考。

⑪張猷：無考。

⑫張□：無考。

⑬馬顏：無考。

⑭何玠：無考。

〔徵引文獻論著題錄〕

❶《所見錄》　　❷《石魚題刻》　　❸《金石補正》
❹《水下碑林》

## 何憲、盛辛唱和詩並序　紹興十八年（1148）

　　□□□□出水三尺餘。通□□□□觀，因成拙詩一章，繕寫拜呈伏□

笑覽　知涪州軍州事何憲。

　　何年天匠巧磨礱，巨尾橫梁了莫窮。不是江魚時隱見，要知田稼歲凶豐。四靈效瑞非臣力，一水安行屬帝功。職課農桑表勤惰，信傳三十六鱗中。

　　歲將大稔，雙魚出見，邦人縱觀，以慰維魚之占也。

　　戊辰正月二十有八日，魚出水數尺。

　　知府學士置酒瑞鱗閣，邀賓佐以樂之。又蒙出示佳篇，以紀其實。辛雖非才，輒繼嚴韻，斐然成章，但深慙惡，伏幸

采覽　權通判軍州事盛辛。

　　巨浸浮空無路通，雙鱗繼瑞杳難窮。昔人刊石留山趾，今日呈祥表歲豐。象喜有年歌善政，獨慚無補助成功。須知顯晦將千載，往哲標名歲大中。

　　縣令王之古謹刻，判官龐仔孺書。

〔注釋〕

①何憲：涪州知州。

②瑞鱗閣：涪州大江邊名勝之地。

③权通判军州事：代理涪州通判。

④盛辛：時爲代理涪州通判。

⑤王之古:涪州涪陵縣令。

⑥判官:見《吳縝題記》。

⑦龐仔孺:涪州判官。

〔徵引文獻論著題録〕

❶《所見録》　　　❷《同治涪州志》　❸《石魚題刻》

❹《金石補正》　　❺《水下碑林》　　❻《水文站》

❼《文物圖集》　　❽《三峽國寶》

❾王曉暉:《南宋涪州知州考略》,《長江師範學院學報》2014年6期。

## 杜與可等題記　紹興十八年（1148）

戊辰春，五馬以雙魚出水，率郡寮同觀。邦人杜與可、楊彥廣、蒲德載、董夢臣繼至，因思王仲淹時和歲豐，通受其賜之語，固知燮理陰陽，秉鈞當軸者，優爲之矣。乃刻石以紀歲月焉，紹興十有八年仲春望日。

〔注釋〕

①五馬:古代太守的代稱，此處指涪州知州何憲（由《何憲盛辛唱和詩并序》可知）。漢時太守乘坐的車用五匹馬駕轅，因借指太守的車駕，後代遂以五馬代指州郡長官郡守。

②杜與可:涪陵人。

③楊彥廣:涪陵人。

④蒲德載:涪陵人。

⑤董夢臣:涪陵人。

⑥秉鈞當軸:即執政掌權。

⑦仲春:見《劉仲立題記》。

〔徵引文獻論著題錄〕

❶《所見錄》　　❷《同治涪州志》　　❸《石魚題刻》

❹《金石補正》　　❺《水下博物館》　　❻《水下碑林》

❼《水文站》　　❽《文物圖集》　　❾《三峽國寶》

## 鄧子華等題記　紹興十八年（1148）

鄧子華、种平叔、趙子經，紹興戊辰中春十□□來□□。

〔注釋〕

①此題刻自左向右書寫，五列，每列三字。

②鄧子華：無考。

③种平叔：名法，字平叔。

④趙子經：無考。

〔徵引文獻論著題錄〕

❶《所見錄》　　❷《石魚題刻》　　❸《金石補正》

❹《水下碑林》　　❺《文物圖集》　　❻《三峽國寶》

## 張綰題記　紹興二十五年（1155）

宋紹興乙亥人日，前涪陵令張維持國，挈家觀石魚。弟綰處權謹題。

〔注釋〕

①人日：見《□居安題記》。

②張維：字持國。前涪州涪陵縣令。

③張絪：字處權。張維之弟。

〔徵引文獻論著題錄〕

❶《所見錄》　　❷《石魚題刻》　　❸《金石補正》
❹《水下碑林》　　❺《文物圖集》　　❻《三峽國寶》


## 張絪再題　紹興二十五年（1155）

  前涪陵令張維同弟絪拉郡人孟彥凱、高永、許萬鍾重游石魚，共喜豐年之兆。是日，絪搦毫題石以記，歲時紹興乙亥戊寅丙辰。

〔注釋〕

①張維，見《張絪題記》。
②張絪，見《張絪題記》。
③孟彥凱：涪州人。
④高永：涪州人。
⑤許萬鍾：涪州人。

〔徵引文獻論著題錄〕

❶《所見錄》　　❷《同治涪州志》　　❸《石魚題刻》
❹《金石補正》　　❺《水下博物館》　　❻《水下碑林》
❼《水文站》　　❽《文物圖集》　　❾《三峽國寶》
❿《西南石刻》

## 張絪三題　紹興二十五年（1155）

  郡幕高祁子敏、令張維持國、簿譚詢永叔、尉蒲□□之同來。

宋紹興乙亥□□□五日，張綰處權題。

〔注釋〕

①郡幕：郡守之幕僚或幕吏。

②高祁：字子敏。

③令：涪陵縣令。

④張維：見《張綰題記》。

⑤簿：涪陵縣主簿。

⑥譚詢：字永叔。

⑦尉：涪陵縣尉。

⑧蒲□：字□之。

⑨張綰：見《張綰題記》。

〔徵引文獻論著題錄〕

❶《所見錄》　❷《石魚題刻》　❸《金石補正》
❹《水下碑林》　❺《文物圖集》　❻《三峽國寶》
❼《西南石刻》

## 張松兌等題記　紹興二十六年（1156）

紹興丙子□□□□□□□張松兌率□□□□□□□□王定國太□□□□□□□秭歸譚向、濮國黃仲武自北巖泛舟迤邐來觀。石魚去水無尺許，已見鱗鬐祐□□。

〔注釋〕

①張松兌：或爲張浚之從子。

②王定國：無考。

③秭歸：荊湖北路歸州有秭歸縣。《宋史·地理四》載，歸州，下，巴東

郡，軍事。建炎四年（1130），隸夔路；紹興五年（1135），復。三十一年（1161），又隸夔；淳熙十四年（1187），復。明年，又隸夔。端平三年（1236），徙郡治於南浦。崇寧戶二萬一千五十八，口五萬二千一百四十七。貢紵。縣三：秭歸、巴東、興山。

④譚向：無考。

⑤濮國：周有百濮國，今湖北石首一帶。

⑥黃仲武：無考。

〔徵引文獻論著題錄〕

❶《所見錄》　　❷《石魚題刻》　　❸《水下碑林》
❹《文物圖集》　　❺《三峽國寶》　　❻《貴博》

## 盛芹等題記　紹興二十六年（1156）

盛芹率張適，遊蒙，張遜同來，子公德、公孝，冑興宗侍，歲丙子上元後二日。

〔注釋〕

①盛芹：字景獻。

②張適：無考。

③遊蒙：無考。

④張遜：無考。

⑤公德：盛芹子。

⑥公孝：盛芹子。

⑦興宗：無考。

⑧上元：上元節，農曆正月十五日。

〔徵引文獻論著題錄〕

❶《石魚題刻》　　❷《金石補正》　　❸《水下碑林》

## 盛景獻題記　約紹興二十六年（1156）

泛舟江南，折梅賦詩，復開至石甕下，步磐石席坐。

〔注釋〕

《涪陵辭典》載，白鶴梁上有南宋盛景獻題刻。無確切時間，姑列於《盛芹等題記》之後。也有意見認爲，此爲北巖題記。

〔徵引文獻論著題錄〕

❶《涪陵辭典》　　❷《三峽國寶》

## 黃仲武等題記　紹興二十七年（1157）

濮國黃仲武、梁公壽，春明宋子應小艇同來。是日積雨初晴，江天一碧，徘徊終日而歸，時紹興丁丑元宵後五日。

〔注釋〕

①濮國：見《張松兒等題記》。

②黃仲武：見《張松兒等題記》。

③梁公壽：濮國人。

④春明：唐都長安城有春明門，爲城東三門之中門，後代多以春明借指京城。宋子應郡望似爲南宋都城臨安府。

⑤宋子應：無考。

〔徵引文獻論著題錄〕

❶《所見錄》　　❷《同治涪州志》　　❸《石魚題刻》

❹《金石補正》　　❺《水下博物館》　　❻《水下碑林》
❼《文物圖集》　　❽《三峽國寶》　　❾《貴博》
❿《西南石刻》

## 紹興水位題記　紹興年間

紹興仲春日□石魚出水季，看記。

〔注釋〕

①此題刻無確切紀年，但有紹興年號。

②仲春：見《劉仲立題記》。

〔徵引文獻論著題錄〕

❶《水下博物館》　　❷《水下碑林》


## 宋亢等題記

宋亢，高匪懈，姚邦孚繼至。

〔注釋〕

①此題記無紀年，但題記中有姚邦孚，姚氏在紹興十年《孫仁宅題記》《張宗忞等題記》《炎覺先題記》中都有出現，可見其在涪州活動時間，故認爲此題刻應該在紹興十年（1140）左右。

②宋亢：無考。

③高匪懈：無考。

④姚邦孚：見《張宗忞等題記》。

〔徵引文獻論著題録〕

❶《水下碑林》　　❷《文物圖集》　　❸《三峽國寶》

## 向之問題記　乾道三年（1167）

乾道三年立春後一日，童子八九人刺船來觀，庚光堂弟□，向之問書。弟之望、之才、之□、顯□。向益捧硯。

〔注釋〕

①庚光：向之問堂弟。

②向之問：無考。

③之望：向之問弟。

④之才：向之問弟。

⑤之□：向之問弟。

⑥顯□：向之問弟。

⑦向益：或爲向之問子。

〔徵引文獻論著題録〕

❶《所見録》　　❷《石魚題刻》　　❸《水下碑林》

❹《文物圖集》　　❺《三峽國寶》

## 王桂老題記　乾道三年（1167）

乾道丁亥□□二日，合陽王宏甫來觀石魚，孫男桂老侍行並書。

〔注釋〕

①合陽：今山西安澤縣。合州亦稱合陽。

②王宏甫：無考。

③桂老：即王桂老，王宏甫之孫。

〔徵引文獻論著題錄〕

❶《所見錄》　　❷《石魚題刻》　　❸《金石補正》
❹《水下博物館》　❺《水下碑林》　　❻《文物圖集》
❼《三峽國寶》　　❽《貴博》

趙彥球題記　乾道三年（1167）

　　石魚不出，十有八年矣。乾道丁亥，玉牒趙彥球攝守是邦，魚復出，是歲元日大晴，人日亦如之，率僚屬遊北岩。越三日，遂觀石魚，水痕尤瘦，古刻宛然。涪人曰，一旬而三美具，此大有年之兆，而賢太守德化之所感也。在屬吏其敢不書，從遊者五人，合陽王如慈、古渝何肅、眉山宋中和、玉牒趙伯囗、囗囗囗、御前囗囗囗囗囗馮翊王浩。

〔注釋〕

①玉牒：皇族族譜，宋代每十年一修。

②趙彥球：宋宗室，乾道三年爲涪州知州。

③元日：農曆正月初一。

④人日：見《囗居安題記》

⑤合陽：見《王桂老題記》。

⑥王如慈：無考。

⑦古渝：古渝州。《宋史·地理五》載，崇寧元年（1102），改恭州，后以高宗潛藩，升重慶府。

⑧何肅：無考。

⑨眉山：見《毋丘兼孺等題記》。

⑩宋中和：無考。

⑪趙伯□：宋宗室。

⑫馮翊：《宋史·地理三》載，同州，望，馮翊郡，定國軍節度。崇寧户八萬一千一十一，口二十三萬三千九百六十五，貢白蒺藜、生熟乾地黄。縣六：馮翊、澄城、朝邑、郃陽、白水、韓城。

⑬王浩：無考。

〔徵引文獻論著題録〕

❶《所見録》　　❷《石魚題刻》　　❸《金石補正》

❹《水下碑林》　　❺《文物圖集》　　❻《三峽國寶》

❼《貴博》

❽王曉暉：《南宋涪州知州考略》，《長江師範學院學報》2014 年 6 期。

## 張□□題記　乾道三年（1167）

前一日□□見石魚□□□〔下缺〕

張□□〔下缺〕

傑廣安何□□〔下缺〕

馮翊王浩□□□〔下缺〕。

〔注釋〕

①此題刻無紀年，但"馮翊王浩"與《趙彥球題記》相同，且在其旁，故記爲同年。

②廣安：宋代潼川府路有廣安軍。《宋史·地理五》載，寧西軍，本廣安軍，同下州。開寶二年（969），以合州儂泂、渠州新明二鎮建爲軍。淳祐三年（1243），城大良平爲治所。寶祐末，歸大元。景定初，復取之。咸淳二年（1266），改軍名。崇寧户四萬七千五十七，口一十一萬一千七百五十四。貢絹。縣三：渠江、岳池、和溪。

③何□□：無考。

〔徵引文獻論著題錄〕

❶《水下碑林》　　❷《三峽國寶》

# 賈振文題記　乾道三年（1167）

乾道三年人日，賈振文率鄧和叔、李從周、孫養正、庚端卿、張□卿來觀，侄德象、甥向仲卿侍行。

〔注釋〕

①人日：見《□居安題記》。

②賈振文：無考。

③鄧和叔：無考。

④李從周：無考。

⑤孫養正：無考。

⑥庚端卿：無考。

⑦張□卿：無考。

⑧德象：賈振文侄。

⑨向仲卿：賈振文外甥。

〔徵引文獻論著題錄〕

❶《所見錄》　　❷《同治涪州志》　　❸《石魚題刻》
❹《金石補正》　　❺《水下博物館》　　❻《水下碑林》
❼《文物圖集》　　❽《三峽國寶》

## 乾道殘題　乾道三年（1167）

〔缺〕乾道丁亥正月晦〔缺〕

〔注釋〕

晦：即晦日。見《李景尋等再題》。

〔徵引文獻論著題錄〕

《水下碑林》

## 盧棠題記　乾道七年（1171）

乾道辛卯元日，攝涪陵古汴盧棠拉學官忠南譚深之、録參溫陵曾稷、酒正浉陽高昱、邑尉漢嘉鄧椿，讀唐鄭使君石刻，驗廣德水齊，預爲有年喜。

〔注釋〕

①元日：農曆正月初一。
②古汴：古汴州，即開封。1126年爲金攻陷，改爲汴京。
③盧棠：攝涪陵郡守。
④學官：即府、州學教授。
⑤忠南：指忠州南賓縣，今重慶石柱土家族自治縣。
⑥譚深之：涪州學官。
⑦溫陵：福建泉州的別稱。
⑧曾稷：涪州録事參軍。
⑨酒正：即酒坊使，管理酒的生產與供給。

⑩汳陽：汴陽。汳，汴本字。

⑪高昱：涪州酒正。

⑫漢嘉：三國蜀章武元年（221）改蜀郡屬國置漢嘉郡，治漢嘉縣（今四川蘆山縣）。屬益州。轄境相當今四川省雅安、蘆山、名山、天全、榮經、漢源等市縣區。西晉永嘉後廢。

⑬鄧椿：涪陵縣尉。

⑭鄭使君：即唐廣德題刻的作者涪州刺史團練使鄭令珪。

〔徵引文獻論著題錄〕

❶《石魚題刻》　　❷《金石補正》　　❸《水下碑林》
❹《水文站》　　　❺《文物圖集》　　❻《三峽國寶》
❼《西南石刻》

## 向仲卿題記　淳熙五年（1178）

涪陵江心石梁刻二魚，古今相傳。水大落，魚出見，則時和歲豐。自唐廣德間，刺史鄭令珪三載其事，而魚之鐫刻莫詳何代。蓋取詩人衆維魚矣，實維豐年之義。淳熙五年正月三日，劉師文相約同勾晦卿、賈清卿來觀。時水落魚下三尺，邦人舟楫往來，賞玩不絕，因書以識升平瑞慶云。向仲卿題。

〔注釋〕

①鄭令珪：見《謝昌瑜題記》。

②劉師文：即劉甲，《宋史》卷三九七有傳。

③勾晦卿：無考。

④賈清卿：無考。

⑤向仲卿：爲賈振文外甥。見《賈振文題記》。

〔徵引文獻論著題錄〕
❶《所見錄》　❷《同治涪州志》　❸《石魚題刻》
❹《金石補正》　❺《水下碑林》　❻《水文站》
❼《文物圖集》　❽《三峽國寶》　❾《貴博》
❿《西南石刻》

馮和叔題記　淳熙五年（1178）

淳熙戊戌人日，郡守劍浦馮和叔季成、郡丞開封李棋德輔，率前忠守河內向士價邦輔、涪陵令武信胥挺紹祖、郡幕東平劉甲師文來觀石魚，以慶有年之兆。

〔注釋〕

①人日：見《□居安題記》。

②劍浦：《宋史·地理五》載，南劍州，上，劍浦郡，軍事。太平興國四年，加"南"字。崇寧戶一十一萬九千五百六十一。貢土茴香、元豐貢茶。縣五：劍浦、將樂、順昌、沙、尤溪。

③馮和叔：字季成。淳熙五年（1178）至六年（1179）涪陵郡守。《景定建康志》載，紹興二十年（1150）二月至二十三年（1153）五月任上元縣令、右承事郎。

④郡丞：郡無丞，此處指郡守屬官。

⑤開封：見《蔡惇題記》。

⑥李棋：字德輔。

⑦忠守：忠州知州。

⑧河內：《宋史·地理二》載，懷州，雄，河內郡，防禦。建隆元年（960），升爲團練，俄爲防禦。崇寧戶三萬二千三百一十一，口八萬八千一百八十五。貢牛膝、皂角。縣三：河內、修武、武陟。

⑨向士價：字邦輔。

⑩武信：即武信軍。《宋史·地理五》載，遂寧府，都督府，遂寧郡，武信軍節度。本遂州。政和五年（1115），升爲府。宣和五年（1123），升大藩。端平三年（1236），兵亂，權治蓬溪砦。崇寧戶四萬九千一百三十二，口一十萬二千五百五十五。貢樗蒲綾。縣五：小溪、蓬溪、長江、青石、遂寧。

⑪胥挺：字紹祖，涪陵縣令。

⑫郡幕：郡守屬官或幕僚。

⑬東平：見《張宗忞等題記》。

⑭劉甲：見《向仲卿題記》。

〔徵引文獻論著題錄〕

❶《所見錄》　　❷《同治涪州志》　　❸《金石補正》
❹《水下博物館》　❺《水下碑林》　　❻《水文站》
❼《文物圖集》　　❽《三峽國寶》
❾王曉暉：《南宋涪州知州考略》，《長江師範學院學報》2014年6期。

## 朱永裔題記　淳熙六年（1179）

詩人以夢魚爲豐年之祥，非比非興，蓋物理有感通者。涪郡石魚，出而有年，驗若符契，比歲頻見，年示婁豐。今春出水幾四尺，乃以人日躬率仝寮。教官相台李衍，郡幕七閩曾稷，秋官武信胥挺，武龍薄東平劉甲來觀，知今歲之復稔也，因識其喜云。是歲淳熙己亥，假守閬中朱永裔書。

〔注釋〕

①夢魚：宋代詩人無名氏有詩《夢魚》云："玉燭和薰日，金穰瑞應初。豐年知有象，吉林兆維魚。"此詩以夢魚爲豐收之象徵。

②非比非興：賦、比、興爲《詩經》主要創作方法，朱熹《詩集傳》認爲：賦——賦者，敷陳其事而直言之也；比——比者，以彼物比此物也；興

——興者，先言他物，以引起所詠之詞也。題記中說非比非興，就是強調石魚出水並非因夢魚而有所象徵，實際上江水下降，就是來年豐收的主要依據，所以說"蓋物理"。

③人日：見《口居安題記》。

④仝寮：即同僚。

⑤教官：州學學官。

⑥相台：宋吳處厚《青箱雜記》卷八載："相有銅雀台，故相州謂之相台。"《宋史·地理二》載：相州，望，鄴郡，彰德軍節度。崇寧戶三萬六千三百四十，口七萬一千六百三十五。貢暗花牡丹花紗、知母、胡粉、絹。縣四：安陽、湯陰、臨漳、林慮。

⑦李衍：無考。

⑧郡幕：郡守的屬官或幕僚。

⑨七閩：古代居住在今福建省和浙江省南部的閩人，因分爲七族，故稱爲七閩。《周禮·夏官·職方氏》"辨其邦國、都、鄙、四夷、八蠻、七閩、九貉、五戎、六狄之人民"。賈公彥疏："叔熊居濮如蠻，後子從分爲七種，故謂之七閩。"後稱福建爲閩或七閩。

⑩曾稷：《盧棠題記》載，録參溫陵曾稷。即録事參軍，福建泉州人。

⑪秋官：《宋代官職辭典》載爲太史局五官大夫之秋官大夫，簡稱秋官，正七品。

⑫武信：見《馮和叔題記》。

⑬胥挺：字紹祖。淳熙五年（1178）爲涪陵縣令。見《馮和叔題記》。

⑭武龍：今重慶武隆縣。

⑮束平：見《張宗忞等題記》。

⑯劉甲：字師文。淳熙五年（1178）爲涪陵郡幕。見《馮和叔題記》。

⑰假守：即臨時授予的郡守。

⑱閬中：見《蒲蒙亨題記》。

⑲朱永裔：《紹興十八年同年小録》載："朱永裔，字光叔，閬州閬中縣新安鄉人，紹興十八年第五甲第六十四名進士……小名信哥，小字冠先，年二十二，六月十六日生。"紹興十八年（1148）中進士時，朱永裔二十二歲，

則此時代理涪州知州，他已經五十四歲。

〔徵引文獻論著題錄〕

❶《所見錄》　　　❷《石魚題刻》　　❸《金石補正》

❹《水下博物館》　❺《水下碑林》　　❻《水文站》

❼《文物圖集》　　❽《三峽國寶》

❾王曉暉：《南宋涪州知州考略》，《長江師範學院學報》2014年6期。

夏敏等題記　淳熙十一年（1184）

　　郡守眉山夏敏彥博，文學掾荆州董天常可久，人日□民因觀石魚，慶豐年之祥，淳熙甲辰。

〔注釋〕

①眉山：見《毌丘兼孺等題記》。

②夏敏：字彥博，涪州知州。

③文學掾：古吏名。漢、晉時郡守屬吏之一。《文獻通考》卷四十載，"州有博士，郡有文學掾。五經之師，儒宫之官。"主要職責是管理學校，教授弟子，也兼管郡内教化、禮儀之事。此處指涪州教授或訓導。

④荆州：今湖北荆州一帶。

⑤董天常：字可久。

⑥人日：見《□居安題記》。

〔徵引文獻論著題錄〕

❶《所見錄》　　❷《石魚題刻》　❸《金石補正》

❹《水下碑林》　❺《文物圖集》　❻《三峽國寶》

## 郭德麟題記　淳熙十六年（1189）

富沙郭德麟、三山林山，被命使北，淳熙己酉仲冬遊此。

〔注釋〕

①富沙：福建建甌。《讀史方輿紀要·福建三》載，《志》云，府治西南臨江門内有富沙驛，舊置於府西平政門外，曰富沙館。宋紹興十年（1140），移建於城内，改爲驛。祝穆曰，府城北有大伏洲，或以爲即富沙。閩主曦封其弟延政爲富沙王，蓋以此名。

②郭德麟：字邦瑞，一字應之。隆興元年（1163）中進士，授侯官（今福州市）尉，調信陽（今屬河南）攝荆南録事參軍。《宋史》卷三六載，淳熙十六年（1189），"遣郭德麟等使金賀正旦"，奉命出使金國。《宋史交聘表》載，紹熙元年（1190），即金章宗明昌元年（1190）"正月丙辰朔，宋試户部尚書郭德麟、宜州觀察使蔡錫賀正旦"。歸來詳細奏明金國情況，提出加緊邊防的建議。

③三山：宋代時福州的别稱。北宋曾鞏《道山亭記》中云："（福州）城中之三山，西曰閩山，東曰九仙山，北曰粤山，三山者鼎趾立。"南宋梁克家等纂《淳熙三山志》，又名《長樂志》或《三山志》，爲福州地區現存最早的一部方志。

④林山：無考。

⑤被命使北：郭德麟、林山奉南宋朝廷之命，出使金國。結合《宋史》記載來看，二人所率使團，沿長江而上，至巴蜀一帶，進而北上金國"賀正旦"。

〔徵引文獻論著題録〕

❶《三峽國寶》　　❷《貴博》

## 涂嘉言題記　慶元四年（1198）

慶元戊午中和節，屬吏從尉史君送別新憲使劉開國運台臨按，自小荔園旋觀石魚，歷覽前賢留刻，蓋自唐迄今五百餘載。郡人每以魚之出，兆年之豐，事既有驗於古，可以卜今歲之稔無疑也。涪陵宰臨汝馮愉端和，置酒與僚友更賀，從容半日，盡興而返。同遊者八人：前郡掾蘄春張慶延元祚，從事穎昌王邦基違堅，州文學掾龜陵申駒致遠，糾曹漢嘉瞿常明孺，縣佐汶江彭楠國材，徵官上邽左延慶椿，是郡文學掾南郡徐嘉言公美識。

〔注釋〕

①慶元：宋寧宗趙擴年號。

②中和節：農曆二月初一，始於唐德宗李適在貞元五年（789）。由於農曆二月初二是"龍抬頭"（又稱春龍節、青龍節），所以民間常常將中和節與龍抬頭混爲一個節日。此處應爲二月初二。

③憲使：御史臺或都察院的官員，奉旨監察或外巡均可稱憲使。

④劉開國：無考。

⑤歷覽前賢留刻，蓋自唐迄今五百餘載：根據《謝昌瑜題記》可知在白鶴梁上明確提到題刻年代是在唐廣德年間（763—764），而本題刻中的此段內容，爲我們認識白鶴梁上最早題刻的時間提供了有力依據。今按本段說法，"五百餘載"僅以五百年計，則題刻在698年（武周聖曆元年）即已有之。

⑥臨汝：江西臨川。蘇軾《石鐘山記》："余自齊安舟行適臨汝，而長子邁將赴饒之德興尉，送之至湖口，因得觀所謂石鐘者。"江西的臨汝在臨川縣境內。《後漢書·郡國四·豫章郡》："臨汝永元八年置。"江西《撫州府志》："汝水西，臨水東，有平陸曰赤岡，古州治也，縣名臨汝。"

⑦馮愉：字端和，涪陵縣令。

⑧郡掾：郡參軍。

⑨蘄春：宋代淮南路有蘄州蘄春縣。《宋史·地理四》載：蘄州，蘄春郡，防禦。建炎初，爲盜所據，紹興五年收復。景定元年，移治龍磯。崇寧户一十一萬四千九十七，口一十九萬三千一百一十六。貢苧布、蕈。縣五：蘄春、蘄水、廣濟、黄梅、羅田。

⑩張慶延：字元祚。

⑪從事：即郡從事。

⑫潁昌：府名。宋元豐三年（1080）升許州置，治所在長社（今許昌市），轄境相當今河南許昌市、漯河市、禹縣、鄢城、長葛、臨潁、舞陽等市、縣地及郟縣部分。

⑬王邦基：字違堅。

⑭文學掾：見《夏敏等題記》。

⑮龜陵：即涪陵。《方輿勝覽·涪州》載，事要郡名涪陵，龜陵，風俗人多憨勇。

⑯申駒：字致遠。

⑰糾曹：録事參軍的別稱。

⑱漢嘉：見《盧棠題記》。

⑲瞿常：字明孺。

⑳汶江：漢代於今四川茂縣北置汶江縣，晉改爲汶山縣。《宋史·地理五》載，宋代汶山縣屬成都府路茂州。

㉑彭楠：字國材。

㉒徵官：即監徵。

㉓上邦：甘肅清水縣。

㉔左延：字慶椿。

㉕南郡：唐代改南郡爲江陵郡，宋爲江陵府。參見《楊元永題記》"江陵府"。

㉖徐嘉言：字公美。

〔徵引文獻論著題録〕

❶《所見録》　　❷《同治涪州志》　　❸《水下碑林》

❹《水文站》　　❺《文物圖集》　　❻《三峽國寶》
❼《貴博》　　❽《重慶總目》


## 趙時傪題記　嘉泰二年（1202）

　　玉牒時傪丞郡於茲，石魚兩載皆見之，壬戌仲春攜屬同妹夫王倬遊，男若金侍。

〔注釋〕

①玉牒：見《趙彥球題記》。
②時傪：即趙時傪。
③仲春：見《劉仲立題記》。
④王倬：趙時傪妹夫。
⑤若金：即趙若金，趙時傪子。

〔徵引文獻論著題錄〕

❶《所見錄》　　❷《石魚題刻》　　❸《金石補正》
❹《水下博物館》　　❺《水下碑林》　　❻《水文站》
❼《文物圖集》　　❽《三峽國寶》


## 賈復題記　開禧年間（1205—1207）

　　澶淵賈復仝侄衍之、徽之，男翼之，姪婿郭知、□□等來觀石魚。□人所判留題述迹，雖未目睹，□□□到可競窺以江痕，尚□故七時戊辰，開禧元宵前。

〔注釋〕

①澶淵：見《賈思誠題記》。

②賈復：無考。

③衍之：賈復侄。

④徽之：賈復侄。

⑤翼之：賈復子。

⑥郭知：賈復的姪女婿。

〔徵引文獻論著題錄〕

❶《所見錄》　　❷《石魚題刻》　　❸《水下碑林》

❹《文物圖集》　　❺《三峽國寶》

## 禄幾復等遊記　嘉定元年（1208）

判官禄幾復，兵官王世昌、趙善暇，知錄郝烜，縣令楊灼，司理孫震之，司戶李國緯，主簿何昕，縣尉鄧林，歲戊辰上元同來。

〔注釋〕

①判官：見《吳縝題記》。

②禄幾復：無考。

③兵官：指鈐轄、都監、監押、巡檢使一類的統兵官。

④王世昌：無考。

⑤趙善暇：無考。

⑥知錄：錄事參軍。

⑦郝烜：無考。

⑧楊灼：無考。

⑨司理：司理參軍。

⑩孫震之：無考。

⑪司戶：司戶參軍。

⑫李國緯：無考。

⑬主簿：縣令佐官。

⑭何昕：無考。

⑮縣尉：縣令佐官。

⑯鄧林：無考。

⑰戊辰：嘉定元年爲戊辰年。

⑱上元：上元節，農曆正月十五。

〔徵引文獻論著題錄〕

❶《所見錄》　　❷《同治涪州志》　　❸《石魚題刻》
❹《金石補正》　　❺《水下博物館》　　❻《水下碑林》
❼《文物圖集》　　❽《三峽國寶》

曹士中題記　嘉定十三年（1220）

嘉定庚辰，江東曹士中觀。

〔注釋〕

①該題刻係從左向右排列，左邊豎刻"嘉定庚辰江"，右邊豎刻"東曹士中觀"。

②江東：指江南東路。府一：江寧。州七：宣、徽、江、池、饒、信、太平。軍二：南康、廣德。縣四十三。南渡后，府二：建康、寧國。州五：徽、池、饒、信、太平。軍二：南康、廣德，爲東路。紹興十二年，戶九十六萬六千四百二十八，口一百七十二萬四千一百三十七。

③曹士中：無考。

〔徵引文獻論著題錄〕

❶《所見錄》　　❷《同治涪州志》　　❸《石魚題刻》
❹《金石補正》　　❺《水下博物館》　　❻《水下碑林》

❼《文物圖集》　　❽《三峽國寶》

## 寶慶丙戌題刻　寶慶二年（1226）

寶慶丙戌，水齊至此。

〔注釋〕

此題刻未提及石魚等內容，但與其他枯水題刻一樣，亦是記載枯水水位。

〔徵引文獻論著題錄〕
❶《所見錄》　　❷《石魚題刻》　　❸《金石補正》
❹《水下博物館》　❺《水下碑林》　❻《水文站》
❼《文物圖集》　　❽《三峽國寶》

## 李瑀題記　寶慶二年（1226）

瑞鱗古迹。

郡守李瑀公玉，新潼川守秦季樞宏文，郡糾曹掾何昌宗季文，季樞之子九韶道古，瑀之子澤民志可同來遊。石魚閱八年不出，今方瞭然，大爲豐年之祥，此不可不書。寶慶二年正月十二日，涪州太守題。

〔注釋〕

① "瑞鱗古迹"爲四個大字。

②李瑀：字公玉，唐安人。《鶴山集》卷七八《朝奉大夫太府卿四川總領財賦累贈通議大夫李公墓志銘》为李瑀之父李清叔墓志銘，載其先爲趙郡李氏，後遷南鄭，遂以蜀爲郡望。

③潼川：《宋史·地理五》載，潼川府都督府，遂寧郡，武信軍節度。本遂州。見《馮和叔題記》"武信"。

④秦季櫨：字宏文，普州安岳（今四川安岳）人。慶元三年（1197），秦季櫨接替宇文子震出知潼川府。寶慶元年六月，又以直顯謨閣知潼川府。

⑤糾曹掾：錄事參軍的別稱。職掌糾舉六曹，勾稽失謬。

⑥何昌宗：字季文。

⑦九韶道古：即秦九韶，字道古，秦季櫨子，普州安岳（今四川安岳）人。與李冶、楊輝、朱世傑並稱宋元數學四大家。精研星象、音律、算術、詩詞、弓劍、營造之學，歷任瓊州知府、司農丞，後遭貶，卒於梅州任所。1247 年，完成著作《數書九章》，其中的大衍求一術（一次同餘方程組問題的解法，也就是現在所稱的中國剩餘定理）、三斜求積術和秦九韶演算法（高次方程正根的數值求法）是有世界意義的重要貢獻。

⑧澤民：李瑀之子李澤民，字志可。

〔徵引文獻論著題錄〕

❶《所見錄》　　❷《同治涪州志》　　❸《石魚題刻》
❹《金石補正》　　❺《水下博物館》　　❻《水下碑林》
❼《水文站》　　　❽《文物圖集》　　　❾《三峽國寶》
❿《西南石刻》
⓫王曉暉：《南宋涪州知州考略》，《長江師範學院學報》2014 年 6 期。

## 李公玉題記　寶慶二年（1226）

寶慶丙戌穀日，涪陵石魚出水面六尺。郡太守唐安李公玉喜其為豐年之兆，挈男澤民、□民、覺民載酒來遊，□□□叔詠、眉山□□□、□□白子才、張□□，□□□。

〔注釋〕

①穀日：即正月初八日。

②李公玉：即李瑀。

③泽民：李瑀之子。

④□民：李瑀之子。

⑤觉民：李瑀之子。

⑥叔詠：無考。

⑦眉山：見《毌丘兼孺等題記》。

⑧白子才：無考。

⑨張□□：無考。

〔徵引文獻論著題録〕

❶《所見録》　　❷《石魚題刻》　　❸《金石補正》

❹《水下博物館》　❺《水下碑林》　　❻《文物圖集》

❼《三峽國寶》　　❽《貴博》

❾王曉暉：《南宋涪州知州考略》，《長江師範學院學報》2014年6期。


□鎬星江等題記　　紹定年間（1228—1233）

　　　　□鎬星江，潼川馬驥□、錢釋之，浚儀□潮彦珍。紹定二月五日全觀。

〔注釋〕

①潼川：見《李瑀題記》。

②馬驥□：無考。

③錢釋之：無考。

④浚儀：古縣名。西漢置。治所在今河南開封市。北朝、隋、唐先後爲陳留郡、梁州、汴州治所；五代、宋與開封縣同爲開封府治所。大中祥符三年（1010）改名祥符。

⑤□潮：字彦珍。

〔徵引文獻論著題録〕

❶《所見録》　　❷《石魚題刻》　　❸《金石補正》
❹《水下博物館》　❺《水下碑林》　❻《文物圖集》
❼《三峽國寶》

齊礪等題記　紹定二年（1229）

　　郡太守齊礪拉別駕龔儒崇山，陽倚、趙伸夫，本路帥屬章斯才遊第一山。酌渡□□，北望悵然，飲不能醉。

　　紹定己〔丑〕四月七日。

〔注釋〕

①齊礪：青州人。紹定二年（1229），爲涪州知州。《景定建康志》載其嘉泰元年至三年（1201—1203），爲奉議郎、句容縣令。《江西通志》載，嘉定辛巳年（1221），齊礪爲高安郡守。

②別駕：漢唐以來，爲州郡長官的佐官。宋代不設別駕，但宋代各州的通判，其職責與前代別駕同，因以別駕爲通判的習慣稱呼。

③龔儒：字崇山。

④陽倚：無考。

⑤趙伸夫：無考。

⑥本路帥屬：夔州路屬官。

⑦章斯才：括蒼人。按《清波雜誌》（國家圖書館存宋刻本）影印，末有七跋，第一跋末題"紹熙癸丑夏四月，括蒼章斯才書"。

〔徵引文獻論著題録〕

❶《三峽國寶》　　❷《貴博》

❸王曉暉：《南宋涪州知州考略》，《長江師範學院學報》2014年6期。

## 謝興甫等題記　紹定三年（1230）

　　長沙謝興甫起□、資中楊坤之夷叔、□人虞會和叔，紹定庚寅上元後一日來觀石魚，子籛侍。

　　雙龍鱗甲奇，變化待何時。

〔注釋〕

①長沙：《宋史·地理四》載，潭州，上，長沙郡，武安軍節度。乾德元年（963），平湖南，降爲防禦。端拱元年（988），復爲郡。舊領荆湖南路安撫使。大觀元年（1107），升爲帥府。建炎元年（1127），復爲總管安撫司。紹興元年（1131），兼東路兵馬鈐轄；二年（1132），復爲安撫司。崇寧户四十三萬九千九百八十八，口九十六萬二千八百五十三。貢葛、茶。縣十二：長沙、衡山、安化、醴陵、攸、湘鄉、湘潭、益陽、瀏陽、湘陰、寧鄉、善化。

②謝興甫：字起□。曾兩任涪州知州。

③資中：漢置資中縣，北周改置盤石縣。南宋屬資州。《宋史·地理五》載：資州，上，資陽郡，軍事。乾德五年（967），廢月山、丹山、銀山、清溪四縣。宣和二年（1120），改龍水爲資川，後復故。淳祐三年（1243），廢。崇寧户三萬二千二百八十七，口四萬七千二百一十九。貢麩金。縣四：盤石、資陽、龍水、内江。

④楊坤之：字夷叔。

⑤虞會：字和叔。

⑥籛：即謝籛，謝興甫子。

⑦上元：上元節，農曆正月十五。

〔徵引文獻論著題録〕

❶《所見録》　　❷《同治涪州志》　　❸《石魚題刻》

❹《金石補正》　　❺《水下博物館》　　❻《水下碑林》
❼《文物圖集》　　❽《三峽國寶》
❾王曉暉：《南宋涪州知州考略》，《長江師範學院學報》2014年6期。

## 李可久等題記　嘉熙二年（1238）

李可久偕弟光錫、光福、蔣伯禹、古廷輔來觀。戊戌中春七日，廷輔之子鎰侍。

〔注釋〕

①此題刻爲豎排，自左向右書寫。
②李可久：無考。
③光錫：李可久弟。
④光福：李可久弟。
⑤蔣伯禹：無考。
⑥古廷輔：無考。
⑦中春：即仲春，春季第二個月，農曆二月。
⑧鎰：古廷輔之子。

〔徵引文獻論著題錄〕

❶《所見録》　　❷《石魚題刻》　　❸《金石補正》
❹《水下碑林》　　❺《文物圖集》　　❻《三峽國寶》
❼《貴博》

## 張霽題記　淳祐三年（1243）

石魚報稔之瑞，曠歲罕見。淳祐癸卯冬，水落而魚復出，既又三白呈祥，年豐可占。郡太守山西張霽明父率同僚來觀，通判開封李拱辰居中、教授古通王樞均卿、判官古黔鄧季寅東叔、録參長沙趙萬春伯壽、司理鳳集孫澤潤之、司户□□趙與初仲器、監酒潼川李震發子華、□安□應午子酉、監税資中張應有嗣行、涪陵縣令武信趙廣禧公叔、主簿合陽李因夏卿、縣尉合陽馮申龍季英、忠州南賓簿尉開漢王季和和父、節幹成都周儀可義父、節屬益昌張申之西卿、郡齋奉節王建極中可與焉。時嘉平既望謹識。

〔注釋〕

①三白：指雪，爲豐年之兆。宋真德秀《長沙勸耕》詩："已看三白兆豐年，更喜春來雨澤通。從昔楚邦農事早，好將人力副天工。"

②山西：宋初置山南西道，後改爲峽西路，治興元府（梁州，今陝西漢中）。咸平四年（1001），分峽西路爲利州路、夔州路，利州路仍治興元府，夔州路治夔州府（今重慶奉節）。

③張霽：字明父。涪州知州。

④通判：見《吳革題記》。

⑤開封：見《蔡惇題記》。

⑥李拱辰：字居中。

⑦教授：見《劉仲立題記》。

⑧古通：通州。《宋史·地理四》載，通州，中，軍事。政和七年（1117），賜郡名曰靜海。建炎四年（1130），入於金，尋復。崇寧户二萬七千五百二十七，口四萬三千一百八十九。貢獐皮、鹿皮、鰾膠。縣二：靜海、海門。監一：利豐。

⑨王樞：字均卿。

⑩判官：見《吳縝題記》。

⑪古黔：黔州。《宋史·地理五》載，紹慶府，下，本黔州，黔中郡，軍事，武泰軍節度。紹定元年（1228），升府。紹熙三年（1190），移巡檢置增潭。元豐户二千八百四十八。貢硃砂、蠟。縣二：彭水、黔江。羈縻州四十九。南渡后，羈縻州五十六。

⑫鄧季寅：字東叔。

⑬録參：録事參軍。

⑭長沙：見《謝興甫等題記》。

⑮趙萬春：字伯壽。

⑯司理：司理參軍

⑰鳳集：古稱鳳集，宋代爲鳳州。《宋史·地理五》載，鳳州，下，河池郡，團練。舊屬秦鳳路。縣三：梁泉、兩當、河池。

⑱孫澤：字潤之。

⑲司户：司户參軍。

⑳趙與礽：字仲器。

㉑監酒：監當官名。《宋代官制辭典》載，掌榷酤（酒專賣）之課利。如諸監酒庫、監酒稅務，均爲監當官，總名監酒。

㉒潼川：見《李瑀題記》。

㉓李震發：字子華。

㉔□安：無考。

㉕□應午：字子酉。

㉖監稅：監當官名。《宋代官制辭典》載，掌徵收商税。逐處諸色稅收官，總稱監稅。

㉗資中：見《謝興甫等題記》。

㉘張應有：字嗣行。

㉙武信：見《馮和叔題記》。

㉚趙廣禧：字公叔。

㉛合陽：見《王桂老題記》。

㉜李因：字夏卿。

㉝馮申龍：字季英。

㉞忠州：見《武陶游石魚題名記》。

㉟南賓：見《种慎思題記》。

㊱簿尉：主簿、縣尉。

㊲開漢：順慶府南充縣。原爲安漢縣，宋代爲紀念紀信而建開漢樓，遂

對南充有開漢之稱。

㊳王季和：字和父。

㊴節幹：節度干辦公事。

㊵成都：見《文悦等題記》。

㊶周儀可：字義父。

㊷節屬：節度干辦公事。

㊸益昌：後周有益昌縣，宋代改爲昭化縣，屬利州。《宋史·地理五》載，利州，都督府，益川郡，寧武軍節度。舊昭武軍，景祐四年（1037）改。紹興十四年（1144），分東、西兩路；紹熙五年（1194），復合爲一；慶元二年（1196），復分；嘉定三年（1210），復合；十一年（1218），又分；端平三年（1236），兵亂廢。崇寧户二萬五千三百七十三，口五萬一千五百三十九。貢金、鋼鐵。縣四：綿穀、葭萌、嘉川、昭化。

㊹張申之：字西卿。

㊺郡齋：本意爲郡守的官舍，此處指郡守的屬官。

㊻奉節：見《黄覺等題記》。

㊼王建極：字中可。

㊽嘉平：臘月的別稱。元方回《留丹陽三日苦寒戲爲短歌》："自從書雲入嘉平，一月曾無三日晴。"清錢謙益《王兆吉六十序》："閼逢敦牂，嘉平之月，甲子一周，里之士友將往致祝，而請余爲其詞。"

〔徵引文獻論著題録〕

❶《所見録》　　❷《同治涪州志》　　❸《石魚題刻》

❹《金石補正》　　❺《水下碑林》　　❻《水文站》

❼《文物圖集》　　❽《三峽國寶》　　❾《貴博》

❿《西南石刻》　　⓫《重慶總目》

⓬王曉暉：《南宋涪州知州考略》，《長江師範學院學報》2014年6期。

### 王季和等題記　淳祐三年（1243）

　　山西張侯來鎮是邦，癸卯甲辰，魚出者再，邦人皆謂前所罕見，屢書以識其異。忠南郡幕開漢王季和偕所親張文龍，郡齋益昌張申之，郡齋奉節王建極侍太守來觀，臘月念肆日也。

〔注釋〕

①山西：見《張霽題記》。
②張侯：指張霽。
③忠南：忠州南賓縣。
④郡幕：郡守屬官或幕僚。
⑤開漢：見《張霽題記》。
⑥王季和：見《張霽題記》。
⑦張文龍：無考。
⑧郡齋：見《張霽題記》。
⑨益昌：見《張霽題記》。
⑩張申之：見《張霽題記》。
⑪奉節：見《黃覺等題記》。
⑫王建極：見《張霽題記》。
⑬念肆日：念，通廿。即二十四日。

〔徵引文獻論著題錄〕

❶《所見錄》　❷《石魚題刻》　❸《金石補正》
❹《水下博物館》　❺《水下碑林》　❻《水文站》
❼《文物圖集》　❽《三峽國寶》　❾《貴博》
❿《重慶總目》

### 趙光禧等題記　淳祐三年（1243）

　　武信趙光禧公叔、馮申龍季英、忠州節幹成都周儀可，郡齋奉節王建極。

〔注釋〕

　　①武信：見《馮和叔題記》。
　　②趙光禧：見《張霽題記》。
　　③馮申龍：見《張霽題記》。
　　④忠州：見《武陶游石魚題名記》。
　　⑤節幹：見《張霽題記》。
　　⑥成都：見《文悦等題記》。
　　⑦周儀可：見《張霽題記》。
　　⑧郡齋：見《張霽題記》。
　　⑨奉節：見《黃覺等題記》。
　　⑩王建極：見《張霽題記》。

〔徵引文獻論著題録〕

　　❶《水下碑林》　　❷《三峽國寶》


### 鄧剛題記　淳祐八年（1248）

　　大宋淳祐戊申正月，石魚呈祥。郡守廬陵鄧剛季中，率通判江陽何行可元達同觀，望日謹誌。

〔注釋〕

　　①廬陵：《宋史·地理四》載，吉州，上，廬陵郡，軍事。崇寧户三十三

萬五千七百一十一，口九十五萬七千二百五十六。貢紵布、葛。縣八：廬陵、吉水、安福、太和、龍泉、永新、永豐、萬安。

②鄧剛：字季中。

③通判：見《吳革題記》。

④江陽：西漢置江陽縣，東漢爲江陽郡。宋爲瀘州。《宋史·地理五》載，瀘州，上，瀘川軍節度。本軍事州。宣和元年（1119），賜軍額。乾道六年（1170），升爲本路安撫使。嘉熙三年（1239），筑合江之榕山，再筑江安之三江磧，四年（1240），又筑合江之安樂山爲城。淳祐三年（1243），又城神臂崖以守。景定二年（1261），劉整以城歸大元，后復取之，改江安州。崇寧戶四萬四千六百一十一，口九萬五千四百一十。貢葛。縣三：瀘川、江安、合江。

⑤何行可：字元達。

⑥望日：十五日。

〔徵引文獻論著題錄〕

❶《所見錄》　　❷《同治涪州志》　　❸《石魚題刻》
❹《金石補正》　　❺《水下博物館》　　❻《水下碑林》
❼《水文站》　　❽《文物圖集》　　❾《三峽國寶》
❿《西南石刻》
⓫王曉暉：《南宋涪州知州考略》，《長江師範學院學報》2014年6期。

## 趙汝廩觀石魚詩　淳祐十年（1250）

淳祐庚戌正月八日，郡守開封趙汝廩觀石魚，賦五十六言。

預喜今禳驗石鱗，不能免俗且怡神。曉行鯨背占前夢，瑞紀龜陵知幾春？拂石已無題字處，觀魚皆是願豐人。片雲不爲催詩黑，欲雨知予志在民。

〔注釋〕

①開封：見《蔡惇題記》。

②趙汝廩：宗室。

〔徵引文獻論著題錄〕

❶《所見錄》　　❷《石魚題刻》　　❸《金石補正》
❹《水下博物館》　❺《水下碑林》　　❻《水文站》
❼《文物圖集》　　❽《三峽國寶》　　❾《貴博》
❿《重慶總目》
⓫王曉暉：《南宋涪州知州考略》，《長江師範學院學報》2014年6期。

## 劉叔子詩並序　寶祐二年（1254）

　　鑒湖之石魚，唐人所刻也。《圖經》謂三五年或十年方一出，出則歲稔，大率與渝江《晉義熙碑》相似。聖宋寶祐貳年歲次甲寅蠟月立菩後一日，郡假守長寧劉叔子君舉，偕別駕寨材望君厚送客江上，過石魚浦，尋訪舊迹，則雙魚已見，實維豐年之兆。因披沙閱古碣，得轉運使、主客郎中劉公忠順所題一詩，叔子感概頹波之滔滔，激節石魚之砥柱。而轉運公之佳句，與之相爲無窮，敬嗣韻以識盛事，尚庶幾小雅，歌牧人之夢之意云爾。

　　衝尾洋洋石上鐫，或依於藻或依蓮。夢占周室中興日，刻自唐人多歷年。隱見有時非強致，豐凶當歲必開先。太平誰謂真無象，罩罩還歌樂與賢。

　　二年春王正月，崙男貢士從龍書。

〔注釋〕

①《圖經》：指《涪州圖經》，涪州早期地方志書，已佚。《輿地紀勝》多有引用。

②渝江：指長江重慶段。

③《晉義熙碑》：《輿地紀勝》載，重慶府豐年碑，在江岸，謂之義熙碑，每水落而碑出，則年豐，人爭摹打，數十年不一見。即今之重慶朝天門靈石題刻。

④萅：春（古文）。

⑤假守：代理郡守。

⑥長寧：《宋史·地理五》載，長寧軍，本羈縻州。熙寧八年（1075），夷人得固祥獻長寧、晏、奉、高、薛、鞏、淯、思峨等十州，因置淯井監隸瀘州。政和四年（1114），建爲長寧軍。

⑦劉叔子：字君舉。

⑧別駕：見《齊礪等題記》。

⑨寒材望：字君厚。

⑩轉運使：見《朱昂題詩記》。

⑪主客郎中：見《劉忠順等題詩記》。

⑫劉公忠順：劉忠順，見《劉忠順等題詩記》。

⑬春王：正月。

⑭貢士：唐宋時期以州（府）、縣科舉中試者，稱爲鄉貢士。

⑮從龍：劉叔子之子。

〔徵引文獻論著題錄〕

❶《所見錄》　　❷《同治涪州志》　　❸《石魚題刻》

❹《金石補正》　　❺《水下博物館》　　❻《水下碑林》

❼《三峽國寶》

❽王曉暉：《南宋涪州知州考略》，《長江師範學院學報》2014年6期。

## 寒材望和劉叔子詩並序　寶祐二年（1254）

涪以石魚之出，占歲事之豐，以歲事之豐，彰太守之賢尚矣。

長寧劉公叔子鎮是邦又出，夫豈偶然。別駕潼川蹇材望賡皇祐劉轉運詩，以記之。宋寶祐貳年嘉平下澣書。

　　何代潛鱗翠琰鐫，雙雙依藻更依蓮。夢符端報屢豐兆，物盛〔魚麗美萬物盛多〕宜歌大有年。玉燭調和從可卜，金刀題詠又開先。渾如潑剌波心躍，感召還知太守賢。

　　粵明年人日重遊。

〔注釋〕

①長寧：見《劉叔子詩並序》。

②劉公叔子：即劉叔子。見《劉叔子詩並序》。

③別駕：見《齊礪等題記》。

④潼川：見《李瑀題記》。

⑤蹇材望：見《劉叔子詩並序》。

⑥賡：酬答，應和。宋張耒《張右史集·屋東》載："賴有西鄰好詩句，賡酬終日自忘飢。"

⑦劉轉運：即皇祐年在白鶴梁留題的轉運使、主客郎中劉忠順。

⑧嘉平：見《張霽題記》。

⑨下澣：即下浣，唐宋定制，官吏十天一次休息沐浴，每月分爲上、中、下浣，下浣爲大月三十日、小月二十九日。

⑩魚麗美萬物盛多：此句是對"物盛"所作的解釋。

⑪粵：相約。

⑫人日：見《□居安題記》。

〔徵引文獻論著題錄〕

❶《所見錄》　　❷《同治涪州志》　　❸《石魚題刻》
❹《金石補正》　　❺《水下博物館》　　❻《水下碑林》
❼《水文站》　　❽《文物圖集》　　❾《三峽國寶》
❿《貴博》　　⓫《西南石刻》　　⓬《重慶總目》

## 何震午等題記　寶祐六年（1258）

寶祐戊午正月戊寅，軍事判官昌元何震午季明，知樂溫縣燕國趙興珞思復，糾曹宕渠袁逢龍清甫，理掾古渝杜夢午南卿，文安王垓子經，汴陽向大源清夫，觀石魚之兆豐，拂涪翁之遺迹，亦一時勝遊也，濡筆以書。

〔注釋〕

①軍事判官：見《徐莊等題記》。

②昌元：《宋史·地理五》載，昌州，上，昌元郡，軍事。崇寧户三萬六千四百五十六，口九萬三千五十五。貢麩金、絹。縣三：大足、昌元、永川。

③何震午：字季明。

④樂溫縣：涪州有樂溫縣。

⑤燕國：無考。

⑥趙興珞：字思復。

⑦糾曹：見《徐嘉言題記》。

⑧宕渠：西漢置宕渠縣，後廢。建安二十三年（218），劉備分巴西郡置，后爲渠州，境内有宕渠山。《宋史·地理五》載，渠州，下，鄰山郡，軍事。寶祐二年（1254），徙治禮義山。崇寧户三萬二千八百七十七，口六萬三千八百三十。貢綿紬、買子木。縣三：流江、鄰水、鄰山。南渡后，增縣一：大竹。

⑨袁逢龍：字清甫。

⑩理掾：見《楊元永題記》。

⑪古渝：古渝州。《宋史·地理五》載，重慶府，下，本恭州，巴郡，軍事。舊爲渝州。崇寧元年（1102），改恭州，後以高宗潛藩，升爲府。舊領萬壽縣，乾德五年（967），廢。雍熙中，又廢南平縣。慶曆八年（1048），以黔州羈縻南、溱二州來隸。皇祐五年（1054），以南州置南川縣。熙寧七年

（1074），以南川縣隸南平軍。元豐户四萬二千八十。貢葛布、牡丹皮。縣三：巴、江津、璧山。羈縻州一：溱州。

⑫杜夢午：字南卿。

⑬文安：河北東路霸州有文安縣。《宋史·地理二》載，霸州，中，防禦。本唐幽州永清縣地。後置益津關。周置霸州，以莫（州）之文安、瀛洲之大城來屬。政和三年（1113），賜郡名曰永清。崇寧户一萬五千九百一十八，口二萬一千五百一十六。貢絹。縣二：文安、大城。

⑭王垓：字子經。

⑮汴陽：見《吳克舒題記》。

⑯向大源：字清夫。

⑰涪翁：即黃庭堅。見《涪翁題記》。

〔徵引文獻論著題録〕

❶《碑記目》　❷《石魚題刻》　❸《金石補正》
❹《水下博物館》　❺《水下碑林》　❻《水文站》
❼《文物圖集》　❽《三峽國寶》　❾《貴博》
❿《西南石刻》

## 徐朝卿等題記

銅鞮徐朝卿、太原（其下題刻因水蝕風化，無法辨認）。

〔注釋〕

①銅鞮：《宋史·地理二》載，威勝軍，同下州。太平興國三年（978），於潞州銅鞮縣亂柳石圍中建爲軍。崇寧户一萬九千九百六十二，口三萬七千七百二十六。貢土紬。縣四：銅鞮、武鄉、沁源、綿上。

②徐朝卿：無考。

③太原：見《□兆思題記》。

〔徵引文獻論著題錄〕

❶《所見錄》　　　❷《石魚題刻》　　　❸《水下碑林》
❹《文物圖集》　　❺《三峽國寶》

## 賈承福題記

□鐫石名字。隨使孔目官賈承福書。

〔注釋〕

①隨使：跟隨上官出行的人。

②孔目官：公吏名。《宋會要輯稿·職官》二二之一三載：左右金吾街仗司皆置。爲吏人資序最高者，相當於三省吏都事名目。承辦本司事務及點檢文書等。

③賈承福：無考。

〔徵引文獻論著題錄〕

❶《水下碑林》　　❷《文物圖集》　　❸《三峽國寶》

## 周品級等題記

乙丑辛□，周品級、文玉章遊此。

〔注釋〕

①周品級：無考。

②文玉章：無考。

〔徵引文獻論著題錄〕

❶《所見錄》　　❷《石魚題刻》　　❸《金石補正》

❹《水下碑林》　　❺《文物圖集》　　❻《三峽國寶》

## 傅端卿題記

遂寧傅端卿遊此。

〔注釋〕

①遂寧：見《馮和叔題記》"武信"。

②傅端卿：無考。

〔徵引文獻論著題錄〕

❶《所見錄》　　❷《石魚題刻》　　❸《金石補正》

❹《水下碑林》　　❺《文物圖集》　　❻《三峽國寶》

## 王漢老題記

無諍居士王漢老來觀。

〔注釋〕

①無諍居士：王漢老別號。

②王漢老：無考。

〔徵引文獻論著題錄〕

❶《所見錄》　　❷《石魚題刻》　　❸《金石補正》

❹《水下博物館》　　❺《水下碑林》　　❻《三峽國寶》

董時彥題記

□董時彥遊。

〔注釋〕
　　董時彥：無考。

〔徵引文獻論著題錄〕
❶《所見錄》　　❷《石魚題刻》　　❸《金石補正》
❹《水下碑林》　　❺《三峽國寶》

# 元代題刻

## 聶文煥題記　至大四年（1311）

皇元至大辛亥十二月，奉訓大夫、夔路萬州知州、監管本州諸軍奧魯、勸農事安固，奉省檄整治各路水站、賦役事畢，偕忠翊校尉、同知涪州事咬尋進義，副尉涪州判官楊輝敬，謁伊川先生祠，因觀石魚，中旬三日聶文煥謹書。

〔注釋〕

①奉訓大夫：元代文散官，從五品。

②夔路：《元史·地理三》載，夔路，下，唐初爲信州，又爲夔州，又爲雲安郡，又仍爲夔州。宋升爲帥府。元至元十五年（1278），立夔州路總管府，以施、雲安、萬、大寧四州隸焉。二十二年（1285），又以開、達、梁山三州來屬。户二萬二十四，口九萬九千五百九十八。（至元二十七年〔1290〕數。）領司一、縣二、州七。州領五縣。

③萬州：《元史·地理三》載，萬州，下，唐改浦州爲萬州，又改南浦郡。宋爲浦州，元至元二十年（1283），以南浦爲萬州。領一縣：武寧。

④知州：據《元史·百官七》和《元史·地理三》記載可知，元代萬州知州爲從五品。

⑤監管本州諸軍奧魯、勸農事：成吉思汗西征時，以中軍的後方爲大奧魯，委派幼弟鐵木哥斡赤斤留守。蒙古滅金以後，在江淮以北逐漸形成具有

漢地特點的奧魯制度。軍户都歸各路奧魯官府管領，凡簽發丁壯，替换老弱，供應軍需，贍養征戍軍人老小，處理軍户間的民事糾紛等，都由奧魯官府直接管理，不受地方路府州縣管轄。各路奧魯官府自成系統，受樞密院節制。奧魯官常常貪污受賄，放富差貧，壓榨貧苦軍户。元廷鑒於漢軍奧魯官府對中央集權和地方行政頗多障礙，至元元年（1264）以後，逐步改由地方路府州縣長官兼領諸軍奧魯，管理軍户。

⑥安固：無考。

⑦水站：元代設於水邊的站赤。《元史·兵四》載，元制站赤者，驛傳之譯名也。蓋以通達邊情，布宣號令，古人所謂置郵而傳命，未有重於此者焉。凡站，陸則以馬以牛，或以驢，或以車，而水則以舟。文書所涉之四川行中書省，設水站八十四處，船六百五十四只，牛七十六頭。

⑧忠翊校尉：元代武散官，正七品。

⑨同知涪州事：即涪州同知，據《元史·百官七》和《元史·地理三》記載可知，元代涪州爲下州，同知爲正七品。

⑩咬尋進義：無考。

⑪涪州判官：據《元史·百官七》和《元史·地理三》記載可知，涪州判官爲正八品，兼捕盜之事。

⑫楊輝敬：無考。

⑬伊川先生：即程頤，字正叔，宅於河南嵩縣東北耙樓山下，地處伊川，故稱。《宋史·道學傳一·程頤》載："（頤）平生誨人不倦，故學者出其門最多，淵源所漸，皆爲名士。涪人祠頤於北巖，世稱伊川先生。"

〔徵引文獻論著題錄〕

❶《所見錄》　　❷《同治涪州志》　　❸《石魚題刻》
❹《水下博物館》　❺《水下碑林》　　❻《水文站》
❼《文物圖集》　　❽《三峽國寶》　　❾《重慶總目》

## 王正題記　天曆二年（1329）

　　皇元天曆己巳春，水去魚下二尺，歲大熟。庚午復去五尺，監郡宣侯爰及同僚洎邦人士游慶記耳。

　　王正上元日題。

〔注釋〕

①監郡：是"郡"，也就是"府、州"之最高長官"達魯花赤"。

②宣侯爰：涪州達魯花赤。

③王正：無考。

④上元日：農曆正月十五。

〔徵引文獻論著題錄〕

❶《所見錄》　　❷《石魚題刻》　　❸《水下博物館》
❹《水下碑林》　❺《水文站》　　　❻《文物圖集》
❼《三峽國寶》　❽《重慶總目》


## 溧陽留題　至順元年（1330）

　　溧陽留題。至元天曆庚午石魚現涪州。

〔注釋〕

①溧陽：《元史·地理五》載，元置江南諸道行御史臺集慶路，轄溧陽州，唐以來並爲縣，元至元十六年（1279），升爲溧陽路。二十七年（1290），復降爲縣，後復升爲州。今江蘇溧陽一帶。

②天曆庚午：天曆只有兩年（戊辰、己巳，1328—1329），庚午爲至順元

年（1330），疑爲涪州偏遠，尚未改元所致。

〔徵引文獻論著題録〕

❶《水下碑林》　　❷《文物圖集》　　❸《三峽國寶》

## 張八歹題記　至順癸酉（1333）

《涪陵志》，江心石魚出則歲稔。予守郡次年始獲見，率僚友來觀，方拂石間，適有木魚依柳條中流浮至。衆驚喜曰："石魚自古爲祥，木魚尤爲異瑞也，請刻之以示將來云。"至順癸酉仲春十有三日，奉議大夫、涪守張八歹謹識。

〔注釋〕

①木魚：魚形之木，或佛教所用之木魚。
②仲春：見《劉仲立題記》。
③奉議大夫：元代文散官，正五品。
④涪守：即涪州知州，據《元史·百官七》和《元史·地理三》記載可知，元代涪州爲下州，知州爲正五品。
⑤張八歹：無考。

〔徵引文獻論著題録〕

❶《所見録》　　❷《同治涪州志》　　❸《石魚題刻》
❹《水下博物館》　❺《水下碑林》　　❻《水文站》
❼《文物圖集》　　❽《三峽國寶》　　❾《重慶總目》
❿《中國長江三峽大辭典》有"白鶴梁張八歹題刻"條。

### 蒙文題刻

阿彌圖土薩塔。（音譯）

〔注釋〕

題刻爲蒙古文。大意爲生命的意義在於榮譽，或人生的意義重在榮譽。

〔徵引文獻論著題錄〕

❶《所見錄》　　　❷《石魚題刻》　　❸《水下博物館》

❹《水下碑林》　　❺《水文站》　　　❻《文物圖集》

❼《三峽國寶》　　❽《西南石刻》

❾周晏：《白鶴梁蒙文題刻背景追述》，《三峽大學學報》2007年第6期。

# 明代题刻

## 劉沖宵詩並序　洪武十七年（1384）

大明洪武十有七年，歲在甲子正月人日，奉訓大夫、涪州知州劉沖宵，承務郎、涪州同知李希尹，從仕郎、涪州判官范莊，吏目顏亮，學正黃思誠，訓導張敬先，驛丞王青，因水落石魚呈瑞，遊觀，遂書於石，以記一時之盛事云。

詩曰："石魚見處便豐年，自我居官亦有緣。願得從今常獻瑞，四民樂業永安然。"

〔注釋〕

①人日：見《□居安題記》。

②奉訓大夫：《明史·職官一》載，明代文散官，從五品初授。

③涪州：《明史·地理四》載，四川承宣布政使司重慶府領涪州，涪州領武隆、彭水二縣。

④知州：《明史·職官四》載，明代州設知州一人，從五品，掌一州之政。

⑤劉沖宵：涪州知州。

⑥承務郎：《明史·職官一》載，明代文散官，從六品初授。

⑦同知：《明史·職官四》載，明代州設同知，無定員，從六品。里不及三十而無屬縣者，裁。同知、判官，俱視其州事之繁簡，以供厥職。

⑧李希尹：涪州同知。

⑨從仕郎：《明史·職官一》載，明代文散官，從七品初授。

⑩判官：《明史·職官四》載，明代州設判官，無定員，從七品。里不及三十而無屬縣者，裁；有屬縣者，設。

⑪範莊：涪州判官。

⑫吏目：《明史·職官四》載，明代州設吏目一人，從九品。

⑬顏亮：涪州吏目。

⑭學正：《明史·職官四》載，明代州設學正一人，教授（府）、學正（州）、教諭（縣），掌教誨所屬生員，訓導佐之。

⑮黃思誠：涪州學正。

⑯訓道：《明史·職官四》載，明代府、州、縣均設訓導，府四人、州三人、縣二人，佐教誨生員。

⑰張敬先：涪州訓道。

⑱驛丞：《明史·職官四》載，驛丞，典郵傳迎送之事。凡舟車、伕馬、廩糗、庖饌、裯帳，視使客之品秩，僕伕之多寡，而謹供應之。支直於府若州縣，而籍其出入。（驛丞）各府州縣有無多寡不同。

⑲王青：涪州驛丞。

〔徵引文獻論著題錄〕

❶《同治涪州志》　　❷《水下碑林》　　❸《水文站》
❹《文物圖集》　　　❺《三峽國寶》　　❻《重慶總目》


雷懿題記　永樂三年（1405）

　　予知是州，視篆初，有告曰，江心有石魚、秤、斗，出則年豐。是歲甲申水□涸，率僚屬以遊觀，得睹石魚，而雙秤斗猶漬之水，時果稔，輸用足。乙酉仲春二日，同僚友徵仕郎陳子仲致中、從仕郎苟仕能復覽，魚去水五尺，秤、斗不見，如昨時。朝使江右晏孟宣，□州學正古邵歐陽士麟，訓導西陵易巽、義陵張致和、古邵成禮同遊，生員萬琳等侍，奉訓大夫、涪陵守古邕雷懿運通志。

〔注釋〕

①視篆：掌印視事。古代官印例用篆文，故稱。

②石魚：明代以前在白鶴梁上所刻之石魚。

③秤、斗：唐大曆年間所刻之秤、斗圖。

④仲春：見《劉仲立題記》。

⑤徵仕郎：《明史·職官一》載，明代文散官，從七品初授從仕郎，升授徵仕郎。

⑥陳子仲：字致中。

⑦從仕郎：見《劉沖宵詩並序》。

⑧荀仕能：無考。

⑨朝使：朝廷派往地方的使臣。

⑩江右：古代一般指江西。因古人在地理上以東爲左，以西爲右，故江西又別稱江右。清魏禧《日錄·雜說》："江東稱江左，江西稱江右，何也？曰，自江北視之，江東在左，江西在右耳。"

⑪晏孟宣：無考。

⑫學正：見《劉沖宵詩並序》。

⑬古邵：古邵州。唐貞觀十年（636）改南梁州爲邵州。後晉改。乾德元年（963），宋平湖南，復爲邵州，治邵陽，領邵陽、新化二縣。南宋升爲寶慶府。明代屬湖廣布政使司寶慶府。《明史·地理五》載，寶慶府，洪武元年爲府。領州一、縣四。東北距布政司千二百五十里。邵陽、新化、城步、新寧四縣，武岡州。

⑭歐陽士麟：無考。

⑮訓導：見《劉沖宵詩並序》。

⑯西陵：三國時，改夷陵爲西陵，后復改爲夷陵，至清代以前，基本上稱爲夷陵。明代屬湖廣布政司荊州府。《明史·地理五》載，夷陵州，太祖甲辰年（1364）爲府。九月降爲州，直隸湖廣行省。九年四月改州名夷陵，以州治夷陵縣省入，來屬。東距府三百四十里。領縣三：長陽、宜都、遠安。

⑰易巽：涪州訓導。

⑱義陵：明代指湖廣布政司常德府武陵縣。《明史·地理五》載：常德府，太祖甲辰年（1364）爲府，領縣四。東北距布政司一千零五十里。武陵、桃源、龍陽、沅江。

⑲張致和：涪州訓導。

⑳古邰：即古邰國之地，應在今陝西武功縣一帶。《明史·地理三》載，武功縣，屬陝西布政使司乾州。

㉑成禮：涪州訓導。

㉒生員：明代指經各級考試入府、州、縣學者，通名生員，習稱秀才，亦稱諸生。生員常受本地教官（即教授、學正、教諭、訓導等）等監督考核。生員的名目分廩膳生、增廣生、附生。初入學爲附學生員，廩、增有定額，據歲考、科試成績遞補。廩生給廩米，故名。增廣生亦名增生，因於廩生外增額，故名。

㉓萬琳：涪州生員，永樂十二年（1414）恩科舉人。

㉔奉訓大夫：見《劉沖宵詩並序》。

㉕涪陵守：即涪州知州。

㉖古邕：即古邕州，今廣西南寧。南寧古稱邕州，唐改南晉州置，治宣化。後來又曾改稱宣化縣、邕寧縣。元爲邕州路，1324年改邕州路爲南寧路，南寧之名由此開始。明代有南寧府，故稱爲古邕。

㉗雷懿：字運通。涪州知州。

〔徵引文獻論著題錄〕

❶《金石補正》　　❷《水下博物館》　　❸《水下碑林》
❹《水文站》　　　❺《文物圖集》　　　❻《三峽國寶》
❼《重慶總目》

## 晏英詩並序　天順三年（1459）

前人刻石作魚鐫，沈在中流曆□年。祥表豐歲何時變，化處中天商遊觀。古騷容身遊寫賦，傳天順□率□□。覽賦詩職。

□□□□自景泰四年癸酉來牧是邦，嘗聞石魚、秤、斗□□□在石上，恨未獲見。人爲相傳出則爲稔，歲至天順三年已卯奉□□□□遂率□僚友往觀，其魚果顯，魚在□□□□□□□，而水見一覽，□□□□□□是遂作成鄙詩，一律以爲□□□迹焉。

〔注釋〕

題刻未有具體人名，但據《同治涪州志》可知，景泰四年（1453）涪州知州爲晏英。

〔徵引文獻論著題錄〕

❶《水下碑林》　　❷《水文站》　　❸《文物圖集》
❹《三峽國寶》

## 戴良臣題詩　天順三年（1459）

祥魚出水羨豐年，迹蹤規模萬載傳。何代遺形留石上，至今詩詠滿江邊。行商來往停舟覷，節使周回駐馬鐫。予輩幸臨觀詠後，靈鰲准擬化龍天。

□天順三年仲春吉旦，重慶府陰陽學正術戴良臣題。

涪陵良工肖鼎鐫。

仝舍人范守正、趙建用樂遊。

〔注釋〕

①仲春：見《劉仲立題記》。

②重慶府：《明史·地理四》載，重慶府，元重慶路，屬四川南道宣慰司。洪武中，為府。領州三，縣十七，西北距（四川）布政司五百五十里。

③陰陽學正術：《明史·職官四》載，明初，仿儒學及僧道官例，設置"陰陽學"一官，管天文、占候及星卜之流。"陰陽學：府正術一人，州典術一人，縣訓術一人。洪武十七年置，設官不給祿。"

④戴良臣：重慶府陰陽學正術。

⑤肖鼎：涪州刻工。

⑥舍人：秦漢至明代，均有舍人之職。宋元以來，俗稱顯貴子弟爲舍人，此題記中舍人范守正、趙建用名列末尾，應該是顯貴子弟，而非職官。

⑦范守正：無考。

⑧趙建用：無考。

〔徵引文獻論著題錄〕

❶《水下博物館》　❷《水下碑林》　❸《水文站》
❹《文物圖集》　❺《三峽國寶》　❻《西南石刻》
❼《重慶總目》

## 姚昌遇題記

吳興姚昌遇，彭城錢好問偕侍親觀故迹。

〔注釋〕

①吳興：明代爲浙江布政司湖州府歸安縣。

②姚昌遇：無考。

③彭城：歷史上彭城與徐州名稱多次互易，明初徐州曾直隸京師，后屬南京。

④錢好問：無考。

〔徵引文獻論著題錄〕
❶《所見錄》　　❷《石魚題刻》　　❸《金石補正》
❹《水下博物館》　❺《水下碑林》　　❻《文物圖集》
❼《三峽國寶》

## 張本仁等題記　成化七年（1471）

成化辛卯二月望日，涪州太守龍公遣屬吏張本仁、王□抄寫古文詩記。

〔注釋〕
①望日：十五日。
②龍公：涪州知州。
③屬吏：知州所屬吏員。
④張本仁：無考。
⑤王□：無考。

〔徵引文獻論著題錄〕
❶《水下碑林》　　❷《三峽國寶》

## 李寬觀石魚記　正德元年（1506）

江心有石焉，層見迭出，屹然於萬流之中，而其深不知千萬仞，由不可窮也。涪爲西蜀岷江之匯，當春夏之交，漲溢其石，水沒而不見，至秋冬或猶然見，或水落石，其年必豐。昔之好事者，因刻石魚，題詠於上，以爲大有。自唐迄宋迄元以至我朝，□□□□，鉅卿騷人墨客，悉皆有詩有記，銀鈎鐵畫、瑗章玉句，隱江波之中，歷數千載而不磨滅，蓋天地間一奇迹也。正寅仲春既望，予偕敍州府同知陳旦，保寧府同知郭公、府通判盛應明、德陽縣知縣吴璉、新繁縣知縣祁璜，江安縣知縣徐崧、皆奉□□□□□□□□□□□□於涪，簿書獄訟，既倦於勤，□不得暢。時州守袁宗夔來觀□，曰江中有石魚，今忽復見，州民皆以爲豐年之祥，去往予於是，□遂之舟，逆流而上，衆亦相繼來觀石魚，□見自公□雅文，傑制累累可數，而其隱於江波之中而未見不知其幾乎。嗚呼，真天地間一奇迹，是不可以不記，□□乎書。

正德丙寅仲春既望，四川按察司僉事德安李寬記。

〔注釋〕

①仲春：見《劉仲立題記》。

②敍州府同：即敍州府同知。《明史·地理四》載，敍州府，洪武六年（1373）六月置府。領州一，縣九。北距布政司千二百里。

③陳旦：敍州府同知。

④保寧府：《明史·地理四》載，保寧府，元屬廣元路。洪武四年（1371）直隷行省。領州二，縣八，西南距布政司七百里。

⑤同知：此處爲府同知。《明史·職官四》載，同知、通判分掌清軍、巡捕、管糧、治農、水利、屯田、牧馬等事。品級高於州同知。

⑥郭公：無考。

⑦府通判：即保寧府通判。《明史·職官四》載，同知、通判分掌清軍、巡捕，管糧、治農、水利、屯田、牧馬等事。品級高於州通判。

⑧盛應明：無考。

⑨德陽縣：《明史·地理四》載，成都府領漢州，漢州領縣三，其一爲德陽縣。德陽，州東北。洪武十年（1377）五月省入漢州。十三年（1380）十一月復置。北有鹿頭山，上有鹿頭關。東有綿水。西南有石亭水。南有白馬關巡檢司。

⑩知縣：《明史·職官四》載，掌一縣之政。凡賦役，歲會實徵，十年造黃册，以丁產爲差。賦有金穀、布帛及諸貨物之賦，役有力役、雇役、借債不時之役，皆視天時休咎，地利豐耗，人力貧富，調劑而均節之。歲歉則請於府若省蠲減之。凡養老、祀神、貢士、讀法、表善良、恤窮乏、稽保甲、嚴緝捕、聽獄訟，皆躬親厥職而勤慎焉。若山海澤藪之產，足以資國用者，則按籍而致貢。

⑪吳璉：德陽知縣。

⑫新繁縣：《明史·地理四》載，新繁，成都府領縣，府西北。洪武十年（1377）五月省入成都縣。十三年（1380）十一月復置。西北有沱江。又西有湔堰口。

⑬祁瓛：新繁知縣。

⑭江安縣：《明史·地理四》載，瀘州，直隸布政司，領縣三，其一爲江安縣。江安，州西少南。北濱大江，有綿水西南流入之，謂之綿水口。又南有淯溪，又有涇灘，俱流合於綿水。有板橋巡檢司。

⑮徐崧：江安知縣。

⑯袁宗夔：石首人，明憲宗成化十九年（癸卯，1483），與其兄袁宗皋同時考中舉人，時鄉人稱贊曰"荆南二鳳"。正德元年（1506）爲涪州知州。

⑰四川按察司僉事：《明史·職官四》載，明代於地方置提刑按察使司，有按察使、副使、僉事（二人，正五品）、經歷、知事等職。其中副使、僉事，分道巡察，其兵備、提學、撫民、巡海、清軍、驛傳、水利、屯田、招練、監軍，各專事置，並分員巡備京畿。

⑱德安：《明史·地理四》載，江西九江府領縣。德安，府西南。南有博陽山，古文以爲敷淺原，博陽川出焉，東南流入於鄱陽湖。東北有谷簾水，源出廬山，下流亦入鄱陽湖。

⑲李寬：四川按察司僉事。

〔徵引文獻論著題録〕

❶《同治涪州志》　　❷《水下博物館》　　❸《水下碑林》
❹《水文站》　　　　❺《文物圖集》　　　❻《三峽國寶》

李書□題記　正德元年（1506）

正德元年二月二拾九日，李書□。涪州同知記。

〔注釋〕

同知：爲州同知。《明史·職官四》載，同知、通判分掌清軍、巡捕、管糧、治農、水利、屯田、牧馬等事。品級低於府同知。

〔徵引文獻論著題録〕

❶《水下博物館》　　❷《水下碑林》　　❸《文物圖集》
❹《三峽國寶》

黃壽題詩記　正德五年（1510）

時乎鸞鳳見，石没亦是豐。時乎鴟鴞見，石出亦是凶。豐凶良有自，奚關水石蹤。節用愛人心，胡爲有不同。大明正德庚午，涪守江西南城黃壽書。

〔注釋〕

①江西南城：《明史·地理四》載，江西建昌府領縣。南城，倚。永樂二十二年（1424）建荆王府。正統十年（1445）遷於湖廣蘄州。成化二十三年（1487）建益王府。西南有麻姑山。東有盱江，一名建昌江，自南豐縣流入，下流入金溪縣。東有藍田、北有伏牛二巡檢司。又南有曾潭、北有嶽口二巡檢司，廢。又東南有杉關，接福建光澤縣界。

②黃壽：字純仁，號松崖，江西南城人，明武宗正德間任涪州知州。乾隆《涪州志》載："黃壽，進士，江西南城人，萬曆間任。"萬曆元年（1573）

與此題刻時間相距六十餘年，可見《涪州志》記載有誤。

〔徵引文獻論著題錄〕

❶《水下博物館》　　❷《水下碑林》　　❸《文物圖集》

❹《三峽國寶》　　　❺《西南石刻》　　❻《重慶總目》

## 張楫和詩　正德五年（1510）

石魚隨出沒，民安即是豐。一州蒙作福，百姓免遭凶。張弛誰能測，奸橫自斂蹤。□□奪造化，屈指幾人同。

大明正德庚午，涪人張楫和。

〔注釋〕

張楫：涪州人。

〔徵引文獻論著題錄〕

❶《同治涪州志》　❷《水下博物館》　❸《水下碑林》

❹《文物圖集》　　❺《三峽國寶》

## 張楫題詩　正德五年（1510）

江石有雙鱗，沈浮驗年歲。隱微宜自規，凶樂正相繫。古人形此鐫，覽者發長喟。勿謂仰無聞，順理終有濟。

大明正德庚午，郡人張楫題。

〔注釋〕

張楫：涪州人。上有《張楫和詩》或爲同時之作。

〔徵引文獻論著題録〕

❶《同治涪州志》　　❷《水下博物館》　　❸《水下碑林》
❹《水文站》　　　　❺《文物圖集》　　　❻《三峽國寶》

## 聯句和黄壽詩記　正德五年（1510）

　　魚出不節用〔張瓛〕，年豐難爲豐〔劉用良〕。魚没知節用〔文行〕，年凶未必凶〔文羽夏〕。造化存乎人〔蔣建辰〕，豐凶豈無蹤〔劉是〕。神官儉且廉〔吳崇夔〕，小子心當同〔張濡臣〕。

　　黄公學博六經，尤精術書。登京榜，筮仕判黄州，以異政擢爲涪守，尚儉革弊，暮年而六事孔修。庚午元日，渡江拜伊川先生祠，舟還次江心，觀石魚留題。蓋以歲之豐歉不關於石魚之出没，惟繫於國用之儉奢。其輔相天道、收束人心美意，不其茂哉。時瓛等侍行，庸是續貂，相誓晉周爾，由崇黄公之儉德而不敢倡豐亨豫大之說也。

　　公名壽，字純仁，號松崖，江右南城人。朝暮焚香危坐，凡百念慮，動處應事，□符應世，因號爲神官云。

〔注釋〕

①黄壽：見《黄壽題詩記》。

②張瓛：無考。

③劉用良：無考。

④文行：無考。

⑤文羽夏：無考。

⑥蔣建辰：無考。

⑦劉是：無考。

⑧吳崇夔：無考。

⑨張濡臣：無考。

⑩筮仕：古人將出外做官，先占卦問吉凶。後稱初次做官爲"筮仕"。

⑪黃州：《明史·地理四》載，黃州府，元黃州路，屬河南江北行省。太祖甲辰年爲府，屬湖廣行省。九年屬湖廣布政司，尋改屬河南。二十四年六月還屬湖廣。領州一，縣八。西南距布政司百八十里。

⑫元日：正月初一。

〔徵引文獻論著題錄〕

❶《水下博物館》　❷《水下碑林》　❸《水文站》
❹《文物圖集》　❺《三峽國寶》　❻《重慶總目》

## 羅奎題詩　萬曆十七年（1589）

萬曆己丑上元後一日，予偕江、金二別駕往觀石魚。讀宋淳祐中太守同蹇別駕虞劉轉運詩，因步韻以紀事云。

神魚翠壁托奇鐫，不落池塘豈傍蓮。春雨漲江翻巨浪，晴波浮石兆豐年。漁人把釣空垂餌，太史占祥慶有先。惟願此中相繼見，公餘同詠附前賢。

惠陽羅奎。

〔注釋〕

①上元：正月十五日。

②江、金二別駕：指《江應曉題詩》之新安江應曉、《金國祥題詩》之新安金國祥，《羅奎題詩》與《江應曉題詩》《金國祥題詩》採用了"鐫、蓮、年、先、賢"步韻，應爲同時之作。

③宋淳祐中太守同蹇別駕虞劉轉運詩：事見宋寶祐二年（1254）《劉叔子詩并序》和《蹇材望和劉叔子詩并序》。

④惠陽：指惠州府。《明史·地理六》載，惠州府，元惠州路，屬廣東道

宣慰司。洪武元年爲府。領州一，縣十。西北距布政司三百六十里。

⑤羅奎：無考。

〔徵引文獻論著題録〕

❶《同治涪州志》　❷《水下博物館》　❸《水下碑林》
❹《水文站》　　　❺《文物圖集》　　❻《三峽國寶》
❼《西南石刻》

## 江應曉題詩　萬曆十七年（1589）

扁舟江上覓神鐫，結寔何須訪白蓮。水底影浮剛一尺，畝中兆協已千年。沈碑我識杜元凱，博物誰同張茂先。別駕重來齊轉運，風流太守是前賢。

新安江應曉。

〔注釋〕

①杜元凱：即杜預，字元凱。西晉著名的政治家、軍事家和學者。其《春秋左氏經傳集解》三十卷，是今傳《左傳》注解最早的一種，收入《十三經注疏》中。《晉書·杜預傳》載："（杜）預爲後世名，嘗言'高岸爲谷，深谷爲陵'，刻石爲二碑，紀其勳績，一沈萬山之下，一立峴山之上，曰：'焉知此後不爲陵谷乎！'"

②張茂先：即張華，字茂先。西晉時期著名的政治家、文學家、藏書家。張華工於詩賦，詞藻華麗。編纂有中國第一部博物學著作《博物志》。《隋書·經籍志》有《張華集》十卷，已佚，明人張溥輯有《張茂先集》。

③新安：即徽州，位於新安江上游，古稱新安。

④江應曉：字覺卿，徽州人。《欽定四庫全書總目》卷一二七載："《對問編》，八卷，副都御史黃登賢家藏本，明江應曉撰，應曉，字覺卿，徽州人，嘉靖末官涪州州判。是書刺取史籍，所載天文地理人物雜事，分條立說，

議論多偏駁不純。前有自序一篇，文頗聱牙，蓋亦沿歷下琅琊之習者也。"題刻所記之萬曆十七年（1589）距嘉靖末（嘉靖四十五年〔1566〕）長達二十三年，江氏任涪州州判達二十三年之久，似乎不可信，或《總目》記載有誤，或別爲一人。

〔徵引文獻論著題録〕

❶《金石補正》　　❷《水下碑林》　　❸《水文站》
❹《文物圖集》　　❺《三峽國寶》

### 金國祥題詩　萬曆十七年（1589）

江石之魚何代鐫，江頭之石擁青蓮。呈奇偏遇上元節，題句因書淳祐年。來去豈爲蓑笠引，浮沉不作黿鼉先。今人漫續古人詠，他日還傳此日賢。

新安金國祥。

〔注釋〕

①新安：見《江應曉題記》。
②金國祥：無考。

〔徵引文獻論著題録〕

❶《金石補正》　　❷《水下博物館》　　❸《水下碑林》
❹《水文站》　　❺《文物圖集》　　❻《三峽國寶》

### 七叟勝遊題記　天啓七年（1627）

　　七叟勝遊
　　劉惠□、劉道、曾彥甲、劉昌祚、陳文煒、夏河洲、羅瑛俱郡人，時年近期頤。
　　大明天啓七年丁卯上元之吉。

〔注釋〕

①劉惠□：涪陵人。
②劉道：涪陵人。
③曾彥甲：涪陵人。
④劉昌祚：涪陵人。
⑤陳文煒：涪陵人。
⑥夏河洲：涪陵人。
⑦羅瑛：涪陵人。

〔徵引文獻論著題錄〕

❶《同治涪州志》　　❷《水下碑林》　　❸《文物圖集》
❹《三峽國寶》

# 清代题刻

## 蕭星拱觀石魚記　康熙二十三年（1684）

涪江之心有石魚，春初魚見，可卜豐稔。州之八景云石魚兆豐稔者，即其所也。甲子春正月，忠州守朱世兄自巴渝返，舟過此。其尊人與余誼屬師弟，而其叔朱羽公諱麟禎者，初官於涪，士民德之。亦嘗來此，余因攜觴偕往，以續舊遊。

見石魚復出，則是年之稔可知，因舉觴相慶曰："國之重在民，民之重在食；而食之足，又在樂歲之有餘。"則吾儕之此一遊也，非但以遊觀爲樂，直樂民之樂也云爾，於是乎記。

大清康熙二十三年甲子春正月二十九日，同遊知忠州事三韓商玉朱之璉、浙江慈溪寅凡周御奇。郡守盱江蕭星拱題。

〔注釋〕

①州之八景：涪州八景。康熙四十二年（1703），董維祺任涪州知州，有涪陵八景詩，條列涪州八景，題爲荔圃春風、桂樓秋月、鐵櫃樵歌、鑒湖漁笛、群豬夜吼、白鶴時鳴、石魚兆豐、松屏列翠。

②忠州：《清史稿·地理十六》載，忠州直隸州，順治初仍明制，雍正十二年（1734）升直隸州，以重慶之酆都、墊江及夔州之梁山來隸。西距省治一千五百里。廣二百六十里，袤百八十里。北極高三十度十六分。京師偏西八度二十分。領縣三：酆都、墊江、梁山。

③朱世兄：即朱之璉。忠州直隸州知州。

④朱羽公諱麟禎：即朱麟禎。康熙三年（1664）之涪州。

⑤三韓：即三韓縣。據民國《中國古今地名大辭典》，"遼置，金因之，在今熱河境內喀喇沁右翼西南"。即今遼寧省朝陽市一帶地方。

⑥朱之璉：字商玉，號蒼巖，奉天（今瀋陽）人，明太祖朱元璋裔孫，出自代簡王支。康熙二十三年（1684）爲忠州直隸州知州。

⑦慈溪：清代屬寧波府。

⑧周御奇：字寅凡，浙江慈溪人。

⑨旴江：發源於江西省廣昌縣驛前鎮血木嶺，流經廣昌、南豐、南城、臨川、進賢、南昌，在南昌市滕王閣附近匯入贛江。

⑩蕭星拱：《鳳翔縣誌》載，蕭星拱，江西建昌南城人，康熙十四至十八年（1675—1679）爲陝西鳳翔知縣。《東川府志》載："康熙四十一年（1702），知府蕭星拱以土城（東川府城，遺址在今雲南會澤）空曠難守，乃於東門內截築土城，退約三十餘丈。日久多崩圮，雍正八年（1730），祿良正叛，幾不能守。"

〔徵引文獻論著題錄〕
❶《金石補正》　　❷《水下碑林》　　❸《水文站》
❹《文物圖集》　　❺《三峽國寶》　　❻《西南石刻》
❼《重慶總目》

## 張天如等鐫石魚志　康熙二十三年（1684）

清康熙甲子履端後五日，郡人明德張天如敬鐫雙魚爲志。
同游邑人陳世道，門人吳珂、吳玫，工人黃俸朝。

〔注釋〕
①履端：年曆的推算始於正月朔日，謂之"履端"。
②張天如：字明德。涪州人。

③陳世道：涪州人。

④吳珂：無考。

⑤吳玫：無考。

⑥黃俸朝：無考。

〔徵引文獻論著題錄〕

❶《水下博物館》　　❷《水下碑林》　　❸《文物圖集》
❹《三峽國寶》　　　❺《西南石刻》　　❻《重慶總目》

## 蕭星拱重鐫雙魚記　康熙二十四年（1685）

　　涪江石魚，鐫於波底，現則歲豐，數千百年來，傳爲盛事。康熙乙丑春王，水落而魚復出。望前二日，偕同人往觀之。髣髴雙魚，荷蓮隱躍，蓋因歲久剝落，形質模糊，幾不可問。遂命石工刻而新之，俾不至湮没無傳，且以望豐亨之永兆云爾。時同遊者舊黔令雲間杜同春悔川，州佐四明王運亨元公、盱江吳天衡高倫、何謙文奇、西陵高應乾侶叔，郡人劉之益四仙、文珂奚仲。

　　涪州牧盱江蕭星拱薇翰氏記略。

〔注釋〕

①春王：正月。

②雲間：舊時松江府的別稱。松江府約爲今上海市吳淞江以南直至海邊的整個區域。府治在華亭縣，即今上海市松江區。西晉文學家陸雲，字士龍，華亭人，對客自稱爲"雲間陸士龍"，後人因此稱松江爲雲間。

③杜同春：字悔川。《四川通志》載，江南拔貢，康熙五年（1666）任黔江縣知縣。曾重刻西陽土司冉奇鑣著《擁翠軒詩集》（又名《竹廬吟草》）一卷，序稱雲間杜同春。

④州佐：州之佐吏，地方長官的僚屬。

⑤四明：寧波的別稱，以境內有四明山（傳說山上有方石，四面如窗，中通日、月、星宿之光，故稱四明山）得名。

⑥王運亨：字元公。

⑦盱江：見《蕭星拱觀石魚記》。

⑧吴天衡：字高倫。

⑨何謙：字文奇。

⑩西陵：夷陵的古稱。《清史稿·地理十》載，清順治四年（1647），夷陵州隸屬荊州府。順治五年（1648），改夷陵爲彝陵。雍正十三年（1735），升彝陵州爲宜昌府，改彝陵縣爲東湖縣並爲宜昌府治所，領東湖、興山、巴東、長陽、長樂五縣及歸州、鶴峰二州，隸屬荊宜施道。

⑪高應乾：字侶叔。

⑫劉之益：字四仙。

⑬文珂：字奚仲。

⑭蕭星拱：見《蕭星拱觀石魚記》。

〔徵引文獻論著題録〕

❶《水下博物館》　　❷《水下碑林》　　❸《文物圖集》

❹《三峽國寶》

❺《中國長江三峽大辭典》有《蕭星拱重鐫雙魚記》條。

## 高應乾題詩　康熙二十四年（1685）

訪勝及春遊，雙魚古石頭留。能觀時顯晦，不逐浪沉浮。守介難投餌，呈祥類躍舟。胥歸霖雨望，千載砥中流。

西陵高應乾侶叔氏題。

〔注釋〕

①該題刻未有紀年，西陵高應乾侶叔見於《蕭星拱重鐫雙魚記》（康熙二

十四年〔1685〕),遂定此題刻作於此年。另,李勝《高應乾及其〈白鶴梁觀石魚〉詩的時代考斷》對此進行了考察,確定高應乾爲清人,而非宋人。

②西陵:見《蕭星拱重鐫雙魚記》。

③高應乾:字侶叔。

〔徵引文獻論著題錄〕

❶《同治涪州志》　　❷《金石補正》　　❸《水下博物館》
❹《水下碑林》　　❺《文物圖集》　　❻《三峽國寶》
❼李勝:《高應乾及其〈白鶴梁觀石魚〉詩的時代考斷》,氏著《涪陵歷史文化研究》,中央文獻出版社2006年。

## 預兆年豐題詩　康熙三十四年（1695）

預兆年豐

約賦石魚江上鐫,伊人佳句比青蓮。留形遠垂建炎代,多志由考淳祐年。潛見何心關運會,人材有意贊今先。民依可念愁魴尾,題石故願刺史賢。

涪庠士徐上升
　同　兄上胤　和
　　　上朝

江有魚兮石上鐫,浪生鱗甲擁爲蓮。鑒湖不遊驚魚笛,白鶴將鳴和有年。在藻興歌時已遠,臨淵難羨釣誰先。風流刺史懸魚節,化作游鱗頌今賢。

清康熙乙亥涪庠楊名時　和

〔注釋〕

①庠士:指在學生員,爲秀才的別稱。

②徐上升：涪州人。

③上胤：徐上升之兄。

④上朝：徐上升之兄。

⑤涪庠：涪陵庠士。

⑥楊名時：無考。

〔徵引文獻論著題錄〕

❶《金石補正》　　❷《水下博物館》　　❸《水下碑林》
❹《文物圖集》　　❺《三峽國寶》

## 董維祺題記　康熙四十五年（1706）

溯清流而漱甲，砥洪波以安瀾。旋因止水，住爲依山。留卜豐年之兆，待作化龍之觀。

皇清康熙丙戌春王六日，江心石魚報出，土人云見則歲稔，余因偕僚友往觀並勒銘以志其兆云。

内閣纂修實錄、涪刺史千山董維祺。

〔注釋〕

①春王：正月。

②内閣纂修實錄：實錄是傳統的編年體史料彙編，專記某一皇帝在位時期之大事。清代纂修實錄並無固定機構，都是在皇帝死後，由嗣位新君特命纂修，臨時開實錄館，抽調翰詹及部院在職官員參與其事，屬於特開之館，事成即行裁撤。

③千山：清代奉天省奉天府有遼陽州，州境有千山山脈，爲今遼寧省鞍山市千山區一帶。

④董維祺：涪州知州。

〔徵引文獻論著題錄〕

❶《水下博物館》　　❷《水下碑林》　　❸《水文站》
❹《文物圖集》　　　❺《三峽國寶》　　❻《重慶總目》

## 羅克昌題詩　乾隆十六年（1751）

　　古涪江心臥石梁，梁上鐫魚魚徜徉。豈是王餘留半面，非同沙內曳紅裳。三十六鱗形質全，聞說在昔唐人鐫。鐫石成魚魚賴水，胡爲失水偏有年。嗚呼噫嘻知之矣，紀聞紀見俱至理。白魚入舟周載詳，聖嗣鍾靈獨夢鯉。講堂鸛雀集三鱣，公卿象服説非俚。太人占之曰維豐，比事更與瑞鱗通。獨草莒鉤強不起，石文潛現悉天工。我來涪陵魚常在，歲歲倉箱盈百室。今茲休暇復往觀，魚高水面空廠窟。額手稱慶告農夫，及時舉籽莫荒蕪。聖朝仁愛天心見，人事承休舫舟圖。王伯亞旅勤月月，三時不懈凍餒無。純孝裂冰雙鯉躍，類推集祉在中孚。我將去矣無多囑，願爾群黎共惇篤。作善降祥魚效靈，江石千年兆人足。

　　乾隆十六年歲次辛未二月初四日，前涪州刺史珠湖羅克昌題，命子元定書。

〔注釋〕

①白魚入舟：形容好兆頭開始。《尚書大傳》卷三載："八百諸侯俱至孟津，白魚入舟。"《史記·周本紀》亦載："武王渡河，中流，白魚躍入王舟中，武王俯取以祭……諸侯皆曰：'紂可伐矣。'"

②珠湖：即高郵湖。1049年，高郵湖出現珠光，見載於沈括《夢溪筆談》。《高郵州志》也記載了此事。宋崔公度作《明珠賦》記此奇觀，高郵知軍楊蟠也作《明珠亭》詩，稱"老蚌千年拆晦瞑"。

③羅克昌：乾隆《涪州志》載，進士，江南高郵州人。留心教養，董建書院，勸課農桑，實心爲政之賢大夫也。

④元定：即羅元定，羅克昌之子。

〔徵引文獻論著題錄〕

❶《水下碑林》　　❷《文物圖集》　　❸《三峽國寶》

## 七津一首　乾隆四十年（1775）

　　□□□□□□，判出神漢奏歲豐。浮見同呈□載鐫，藻蓮□□□秋獲。鱗□□□分雲上，□□三存各□□。多少哲賢□□□，□□□□不常逢。乾隆乙未上元□化□白。

〔注釋〕

①此題刻人名漫漶不清。

②上元：即上元節，農曆正月十五日。

〔徵引文獻論著題錄〕

❶《文物圖集》　　❷《三峽國寶》

## 王正策題詩　乾隆四十年（1775）以後

　　飛來金穴下河梁，獨立亭亭水一方。石上風回翻季翮，雲間響徹引員吭。只期侶鳳諧韶濩，豈俏群猪飽稻粱。學得緱山仙子訣，佇看跨鶴鳴親蒼。

〔注釋〕

此題刻見於《中國長江文化大辭典》。王正策，四川大足人，乾隆四十年（1775）爲涪州學政，故將題刻時間定在其作職期間。

〔徵引文獻論著題錄〕

❶《中國長江文化大辭典》"白鶴梁王正策題刻"條。

❷《三峽國寶》

## 陳廷璠書王士禛詩
### 乾隆四十五年至道光五年（1780—1829）

康熙十一年典試四川鄉試，户部郎中王士禛題。

涪陵水落見雙魚，北望鄉園萬里餘。三十六鱗空自好，乘潮不寄一封書。後學陳廷璠書。

〔注釋〕

①將本題刻定於乾隆四十五年至道光五年（1780—1829）理由爲：從白鶴梁題刻的基本情況看，留題者往往都是有功名之人。陳廷璠於乾隆四十五年（1780）中舉，此時才可能在白鶴梁留題刻。陳氏卒於道光五年（1829），遂將題刻下限定於此年。

②典試：主持考試之事。

③四川：清代四川省。

④鄉試：中國古代科舉考試形式之一，清代定爲每三年一次，在各省省城（包括京城）舉行，凡本省生員與監生、蔭生、官生、貢生，經科考、歲科、録遺合格者，均可應試。逢子、午、卯、酉年爲正科，遇慶典加科爲恩科，考期亦在八月。各省主考官均由皇帝欽派。中式稱爲"舉人"，第一名稱"解元"第二名稱爲亞元，第三、四、五名稱爲經魁，第六名稱爲亞魁。中試之舉人原則上即獲得了選官的資格。凡中式者均可參加次年在京師舉行的會試。

⑤户部郎中：正五品。

⑥王士禛：（1634—1711），原名王士禛，字子真，一字貽上、豫孫，號

阮亭，又號漁洋山人，世稱王漁洋，諡文簡。新城（今山東桓台縣）人，常自稱濟南人。清初傑出詩人、文學家。博學好古，能鑒別書畫鼎彝之屬，精金石篆刻。詩爲一代宗匠，與朱彝尊齊名。順治十五年（1658）戊戌科進士，康熙四年（1665），任户部郎中。康熙十一年（1672）典試四川。

⑦後學：謙辭，指後進的學者或者讀書人。謙辭。

⑧陳廷璠：（1747—1829），字六齋，涪州（今重慶涪陵）人。《涪陵縣續修涪州志》載，爲乾隆庚子（乾隆四十五年〔1780〕）舉人，嘉慶辛酉（嘉慶六年〔1801〕）大挑一等，分發廣西荔浦任知縣，建藤州書院。

〔徵引文獻論著題録〕

❶《同治涪州志》　　❷《水下博物館》　　❸《水下碑林》
❹《水文站》　　　　❺《文物圖集》　　　❻《三峽國寶》
❼《重慶總目》

## 張師範題詩　嘉慶十八年（1813）

　　大江日夜流，陵谷巨雲間。奇石撼波濤，崩雲割霹靂。北巖水落時，中有白鶴脊。清淺漾雙魚，豐儉以出没。我來已一載，歲□憫渥瘠。晨夕劇憂惶，富庶慚豪述。今作濠梁遊，因撫昆明石。芝草與蓮花，節出就我側。好風送斜暉，□彎媚空碧。初春風物佳，瑞見驗秋獲。共有忘筌喜，復尋古篆迹。逸響滿滄浪，騷雅緬時昔。相與促題詩，俯仰法局踏。茲邦無若旱，我欲致河伯。刻劃一鯨魚，飛躍蛟龍宅。來時顯作霖，長渥涪陵澤。吞吐迭煙波，江天恣曠道。

　　大清嘉慶癸酉歲新正四日，偕諸同人往觀石魚，魚已見水面，喜盈於色，作此志。□□西續刻□復於白鶴梁。□西續□□□□□年豐收之雨澤□常潤我州遂命勒石焉。張師範題並書。

〔注釋〕

①新正：正月。

②張師範：陽湖（今江蘇武進）人，嘉慶十六年（1811）知涪州。

〔徵引文獻論著題錄〕

❶《同治涪州志》　❷《水下博物館》　❸《水下碑林》
❹《水文站》　　　❺《文物圖集》　　❻《三峽國寶》
❼《重慶總目》

## 張師範題詩　嘉慶二十年（1815）

石鯨自有形，躍入蛟龍宅。霖雨及時行，永顯濠梁迹。

嘉慶乙亥春分日，州牧張師範識。

〔注釋〕

①州牧：即知州，故稱牧。

②張師範：見《張師範題詩》（嘉慶十八年〔1813〕）。

〔徵引文獻論著題錄〕

❶《水下博物館》　❷《水下碑林》　❸《水文站》
❹《文物圖集》　　❺《三峽國寶》

## 姚覲元題記　光緒元年（1875）

光緒乙亥冬，魚出，歲其大稔乎？喜而記之。二品頂戴布政使銜分巡川東兵備道，歸安姚覲元。

〔注釋〕

①文字爲篆書。

②二品頂戴布政使銜：清代官制，布政使爲從二品，兵備道爲正四品，姚氏爲分巡川東兵備道，正四品，加布政使銜，即可著從二品頂戴冠服。

③分巡川東兵備道：清代專指駐紮於巴縣的分巡兵備道。黄廷桂等修《四川通志》載，管轄巴縣、江津縣、長壽縣、城口縣、綦江縣、南川縣、永川縣、榮昌縣、銅梁縣、大足縣、璧山縣、武勝縣、合川縣、江北縣、奉節縣、巫溪縣、巫山縣、雲陽縣、萬縣、開縣、達縣、宣漢縣、開江縣、渠縣、大竹縣、萬源縣、忠縣、酆都縣、墊江縣、梁山縣、酉陽縣、秀山縣、黔江縣、彭水縣、石砫縣、涪陵縣三十六縣。

④歸安：《清史稿·地理十二》載，浙江省置湖州府，領縣七：烏程、歸安、長興、德清、武康、安吉、孝豐。

⑤姚覲元（？—約1902）：字彥侍，又作彥士、念慈，晚號復丁老人。浙江歸安人，清代學者、目録學家、藏書家。清道光二十三年（1843）舉人，父親去世，爲朝廷二品蔭生，曾任刑部主事，官至四川川東道，1882年任廣東布政使。家學淵源，父姚晏，字聖常，號嬰齋，藏書家。祖父姚文田（1758—1827），字秋農，號海漪，嘉慶四年（1799）己未一甲一名進士，授翰林院修撰。姚覲元幼承之家學，"好博覽古籍，尤精於形聲訓詁，故搜采獨多，皆世間不傳之本。勇於流布古籍，又虛懷博訪，往往從故家藏本及通人寫本輾轉録，好古之士有終身求之不得者。"著《大疊山房詩集》《集韻》《涪州石魚文字所見録》二卷，《咫進齋書目》《咫進齋善本書目》四卷，光緒九年刻咫進齋叢書三集三十五種三十册。

〔徵引文獻論著題録〕

❶《水下博物館》　　❷《水下碑林》　　❸《水文站》
❹《文物圖集》　　❺《三峽國寶》　　❻《重慶總目》

## 許麗生敬摹觀音像題記　光緒二年（1876）

大清光緒二年杭州許麗生敬摹。

〔注釋〕

①此題刻有觀音像，附文字。

②杭州：《清史稿·地理十二》載，杭州府，順治初，因明制。乾隆三十八年（1773），升海寧縣爲州。東北距京師四千二百里，廣百九十五里，袤百三十里。北極高三十度十七分，京師偏東三度三十九分。領州一，海寧州，縣八，錢塘、仁和、富陽、餘杭、臨安、於潛、新城、昌化。

③許麗生：無考。

〔徵引文獻論著題錄〕

❶《水下碑林》　　❷《水文站》　　❸《文物圖集》
❹《三峽國寶》　　❺《重慶總目》

## 孫海題"白鶴梁"　　光緒七年（1881）

白鶴梁

鹵州孫海題，時辛巳初春也。

〔注釋〕

①此題刻"白鶴梁"三字，爲白鶴梁之名首次出現。

②鹵州：或爲瀘州。

③孫海：（1840—1901），字吟帆，一字舉卿，號配山。天水秦安人。歷任閬中、成都、富順、遂寧等縣知縣。任職期間，皆能稱治。成都縣爲清代四川省成都府首縣，遇到部使查辦事件，讓受審者陳述案情，孫海立即辦理，始終無誤。遂寧是商賈雲集的地區，前任縣令因嚴厲而導致市民罷市，孫海到任後，以理說服市民，市民都心悦誠服。後孫海遭蜚語而被上奏皇帝，停職。过了很長時間，大吏才知是誣告，於是委派孫海去辦理河南和山西的賑捐及四川涪州官鹽事務，不久官復原職。至遲在光緒十三年（1887），孫海就

已經以母親年老需侍奉爲由，回歸家鄉。今秦安縣九龍山有光緒十三年（1887）孫海《重建龍湫神母祠記》載："光緒中，隴上蕩平，余自蜀中奉母旋里。"後於光緒二十七年（1901）去世。其才學奇特，尤擅書法。著有《續修秦安縣誌》《吟帆詩草》等。

〔徵引文獻論著題錄〕

❶《水下博物館》　　❷《水下碑林》　　❸《水文站》
❹《文物圖集》　　　❺《三峽國寶》　　❻《重慶總目》

## 謝彬題"中流砥柱"　　光緒七年（1881）

辛巳二月花朝後三日
中流砥柱
邑人謝彬書

〔注釋〕

①花朝：花朝節，簡稱花朝，俗稱"花神節""百花生日""花神生日""挑菜節"。漢族傳統節日。流行於東北、華北、華東、中南等地。農曆二月初二舉行，也有以二月十二、二月十五爲花朝節的。節日期間，人們結伴到郊外遊覽賞花，稱爲"踏青"；姑娘們剪五色彩紙粘在花枝上，稱爲"賞紅"。各地還有"裝獅花""放花神燈"等風俗。花朝節由來已久，最早在春秋的《陶朱公書》中已有記載。

②謝彬：涪州人。

〔徵引文獻論著題錄〕

❶《水下博物館》　　❷《水下碑林》　　❸《水文站》
❹《文物圖集》　　　❺《三峽國寶》

## 婁樗題記　光緒七年（1881）

去者已去，來者又來。萬古如斯，何撫此而徘徊。大清光緒七年正月既望，偕兄樞、中江蔣蘅、桐城姚茂清遊此。

滇沾婁樗題。

〔注釋〕

①樞：婁樗之兄。

②中江：《清史稿·地理十六》載，四川省置潼川府，領縣八：三臺、射洪、鹽亭、中江、遂寧、蓬溪、安岳、樂至。

③蔣蘅：無考。

④桐城：《清史稿·地理六》載，安徽省置安慶府，領縣六：懷寧、桐城、潛山、太湖、宿松、望江。

⑤姚茂清：無考。

⑥滇沾：指滇南沾益。《清史稿·地理二十一》載，雲南省置曲靖府，領州六：沾益州、陸涼州、羅平州、馬龍州、尋甸州、宣威州，縣二：南寧、平彝。

⑦婁樗：無考。

〔徵引文獻論著題錄〕

❶《水下博物館》　❷《水下碑林》　❸《水文站》
❹《文物圖集》　❺《三峽國寶》　❻《西南石刻》

## 白鶴梁銘（孫海題記）　光緒七年（1881）

白鶴梁銘

長江宛宛，來自汶易；毌渝注夔，匯此巖疆；曰惟涪都，蜀之巨填。鏡波沖容，碕石蔽暎；惟鶴之梁，在水中沚；惟魚之祥，穀我士女。仙人邈矣，緬想雲聟；澄潭淨淥，珠玉盈碣；我僑此土，駒景鴻泥；陵穀遷變，視此刻辭。

　　秦州孫海譔並書，
　　歷下朱焜，大荔屈秋
　　泰同游，時光緒七年
　　中春上浣也。

〔注釋〕

①填：古同"鎮"。

②秦州：《清史稿·地理十一》載，甘肅省置秦州直隸州，順治初，因明制，雍正七年（1729），升直隸州，降鞏昌屬之徽州爲縣，與所領兩當縣來屬。領縣五：秦安、清水、禮、徽、兩黨。

③孫海：見《孫海題"白鶴梁"》。

④歷下：《清史稿·地理十》載，山東省濟南府有歷城縣，有歷下古城，爲省、府、縣三級官府所在地。

⑤朱焜：無考。

⑥大荔：《清史稿·地理十》載，陝西省置同州府，領縣八：大荔、朝邑、郃陽、澄城、韓城、華陰、蒲城、白水。

⑦屈秋泰：陝西大荔人。同治四年（1865）乙丑二甲進士，翰林院庶吉士。同治七年（1868）四月，以知縣即用。《大竹縣誌》載，光緒元年（1875），任四川大竹知縣，二年（1876）六月，鄭桐署，二年（1876），屈秋泰復任。

⑧上浣：每月初一至初十稱"上浣"或"上澣"，十一至二十稱"中浣"或"中澣"，二十一至三十稱"下浣"或"下澣"。其中往往以初十、二十、三十（小月二十九）爲官員法定休息日，所謂上浣日，往往即初十這一天。

〔徵引文獻論著題錄〕

❶《水下博物館》　　❷《水下碑林》　　❸《水文站》

❹《文物圖集》　　❺《三峽國寶》　　❻《西南石刻》

## 濮文昇題記　光緒七年（1881）

　　咸豐癸丑，先大夫琅圃公來治涪州，文昇與兄文暹、弟文昶、文曦侍，三載於茲，頗窮搜訪，獨以未睹石魚爲憾。同治辛未，文昇復承之是州，自時厥後，凡三至焉。江山雲物，皆若有情，然終莫見斯石也。今年春，水涸魚出，因偕諸友流覽其上，讓酒之暇，餘興未已，爰敘顛末，以志不忘。同遊者沾益婁樗，婺源胡壽春，蕪湖沈福曾、中江蔣蘅、岳尚先，眉州何晉銑，歸安吳瑜，烏程沈鋅庚，昭文范觀治，營山張元圭及余弟文曦，子賢懋、賢忱、賢恭、賢儀、賢泌，猶子賢愈，妹夫順德張思源，甥寶應朱學曾、順德張元鈺。清光緒七年辛巳春正月甲子朔二十正癸未溧水濮文昇。

〔注釋〕

①琅圃公：濮世濂，道光六年進士，咸豐三至五年（1853—1855）爲涪州知州。有子文暹、文昇、文昶、文曦。（《濮氏宗譜》，江蘇溧水檔案館藏。）

②沾益：見《婁樗題記》。

③婁樗：見《婁樗題記》。

④婺源：《清史稿·地理六》載，安徽省置徽州府，領縣六：歙縣、休寧、婺源、祁門、黟縣、績溪。

⑤胡壽春：無考。

⑥蕪湖：《清史稿·地理六》載，安徽省置太平府，領縣三：當塗、蕪湖、繁昌。

⑦沈福曾：無考。

⑧中江：見《婁樗題記》。

⑨蔣蘅：無考。

⑩岳尚先：中江人。

⑪眉州：《清史稿·地理十六》載，眉州直隸州：沖，繁。隸建昌道。明，州。康熙初，彭山、青神二縣先後省入州。雍正六年（1728）復置，仍隸州。東北距省治百九十里。廣百六十里，袤百八十里。北極高三十度六分。京師偏西十二度三十一分。領縣三：丹棱、彭山、青神。

⑫何晉銑：無考。

⑬歸安：《清史稿·地理十二》載，浙江省置湖州府，領縣七：烏程、歸安、長興、德清、武康、安吉、孝豐。

⑭吳瑜：無考。

⑮烏程：見"歸安"。

⑯沈鋅庚：無考。

⑰昭文：《清史稿·地理五》載，江蘇省置蘇州府，領縣九：吳、長洲、元和、崑山、新陽、常熟、昭文、吳江、震澤。

⑱范觀治：無考。

⑲營山：《清史稿·地理十六》載，四川省置順慶府，領縣六：南充、西充、蓬州、營山、儀隴、岳池。

⑳張元圭：無考。

㉑賢懋、賢忱、賢恭、賢儀、賢泌，濮文昇諸子。

㉒猶子：指姪子或姪女。

㉓賢愈：濮文昇姪子。

㉔順德：《清史稿·地理十九》載，廣東省置廣州府，領縣十四：南海、番禺、順德、東莞、從化、龍門、新寧、增城、香山、新會、三水、清遠、新安、花。

㉕張思源：濮文昇妹夫。

㉖寶應：《清史稿·地理五》載，江蘇省置揚州府，領縣六：江都、甘泉、揚子、興化、寶應、東臺；州二：高郵州、泰州。

㉗朱學曾：濮文昇外甥。

㉘張元鈺：濮文昇外甥，張思源之子。

〔徵引文獻論著題錄〕

❶《水下博物館》　　❷《水下碑林》　　❸《水文站》
❹《文物圖集》　　　❺《三峽國寶》　　❻《重慶總目》

蔣薌題記　光緒八年（1882）

　　石梁猶是，白鶴不歸。江水滔滔，令我長悲。蔣薌偕朱學曾、濮賢泌到此題。

　　光緒壬午□正月。

蔣薌題記　二

　　彼爾朱之仙，尚不可〔考〕〔者〕，表水速於斯者又仍可考求。

　　吏蔣薌題。同遊者朱學曾、濮賢泌、張元珏。

〔注釋〕

①此兩段題刻爲同時之作。
②蔣薌：《見濮文昇題記》。
③朱學曾：《見濮文昇題記》。
④濮賢泌：《見濮文昇題記》。
⑤張元珏：《見濮文昇題記》。

〔徵引文獻論著題錄〕

❶《水下博物館》　　❷《水下碑林》　　❸《文物圖集》
❹《三峽國寶》

## 范錫朋觀石魚記　宣統元年（1909）

觀石魚記

涪江心有石梁，梁下有石魚二，相傳爲唐人所刻。歷代遊觀，碑石琅列，僉謂出則兆豐。其上者皆贗迹，顧欲求其真，必伺乎水極淺涸，然水又驟漲落。逾期靡定。故有官斯土者終任不及見，即居是邦之父老，有白首亦不及見者。蓋出而未往，既往而旋没矣。余督涪権之明年，適值

宣統建元閏二月之十有一日，遽聞魚出，急擢舟往觀，至則魚僅浮水面，而碑字猶没水中。閱日，魚尋没不可復睹，噫！何幸而及此一見也。洪維

聖人御宇，百物效靈，彼冥頑蒲恭之倫，亦將躍恩波而思呈露，昭格所至，詳祉萃臻，行看額手而頌太平也。不僅爲此邦瑞已，又豈特摩挲古迹，比重漢洗云爾哉。維時黎大令尹驄、高莞使應摳、胡二尹毓蕃、吳二尹鴻基、曹府經維翰，西席合州茂才陳君瑞，莫席段君維崧暨長次子家蔭、家翼相與偕觀，咸愉愉請詞而。督権觀察使者、桂林范錫朋遂援筆爲之記並書。

〔注釋〕

①督涪権：即涪州督権觀察使者，在涪州最爲可能的應該是督権鹽務。

②大令尹：對知州或縣令的別稱。

③黎驄：無考。

④莞使：無考。

⑤高應摳：無考。

⑥二尹：明清時期對縣丞或府同知的別稱。

⑦胡毓蕃：無考。

⑧吳鴻基：無考。

⑨府經：即府經歷，知府的屬官，主管出納文書事。

⑩曹維翰：無考。

⑪西席：古代以西東分賓主，家塾教師和作爲官僚們私人秘書的"幕客"，都稱爲"西賓"，又稱"西席"。

⑫合州：清代屬四川省重慶府。

⑬茂才：茂才即秀才。東漢時，爲了避光武帝劉秀諱，將秀才改爲茂才，明清兩代稱爲生員，有時也稱秀才爲茂才。

⑭陳君瑞：無考。

⑮莫席：即末席。座次的末位。多用作謙詞。

⑯段維崧：無考。

⑰家蔭：段維崧長子。

⑱家翼：段維崧次子。

⑲督榷觀察使者：即督涪州鹽榷的觀察之職。

⑳桂林：《清史稿·地理二十》載，桂林府，沖，繁，難。隸桂平梧鬱道。巡撫，布政、提學、提法、勸業、巡警道駐。光緒三十二年（1906），桂平梧鬱兼管鹽法道，徙駐梧州。提督徙駐南寧。明洪武五年（1372），改靜江府爲桂林府，領州二，縣七。順治初，因明舊爲省治。乾隆六年（1741），析義寧縣地置龍勝廳。光緒三十二年（1906），析永寧州永福、融、柳城、雒容四縣地置中渡廳。廣二百五十里，袤三百里。北極高二十五度十三分。京師偏西六度十四分。領廳一，州二，縣七。

㉑范錫朋：桂林人。

〔徵引文獻論著題錄〕

❶《水下博物館》　　❷《水下碑林》　　❸《水文站》
❹《文物圖集》　　❺《三峽國寶》

## 佚名題詩

有人來此聽春聲，洗石而書石不驚。山水偶然留小駐，何須題姓復題名。

〔注釋〕

此題記無時間、題記人名,與清代諸題記載在同一範圍,姑定其時代爲清。

〔徵引文獻論著題錄〕

❶《水下碑林》　　❷《三峽國寶》

中華民國時期題刻

### 施紀雲題記　1915年

乙卯正月，江水涸，石魚出。時哀鴻在野，方與官紳籌振恤，喜豐年有兆，亟往觀焉。魚形古拙，鱗有剝落痕。志載，其下刻秤、斗，今未見也。同遊者鄒進士增祐，劉孝廉子冶，張樹菁、顏廣恕兩茂才，曹純熙上舍與其弟鏞蒨史氏，施紀雲記。

〔**注釋**〕

①鄒增祐：（1857—1920），字受丞，涪陵人。成都尊經書院優材生，清光緒十七年（1891）舉人，光緒二十一年（1895）進士。曾官廣東新興縣知縣、嘉應直隸州知州，加知府銜。平生精研漢學，淹通經史，善詩文，著有《天風海水樓詩文集》。

②進士：元、明、清時，貢士經殿試後，及第者皆賜出身，稱進士。且分爲三甲：一甲三人，賜進士及第；二甲若干，賜進士出身；三甲若干，賜同進士出身。

③劉子冶：無考。

④孝廉：漢武帝時設立的察舉考試，以任用官員的一種科目。孝廉是"孝順親長、廉能正直"的意思。

⑤張樹菁：無考。

⑥顏廣恕：無考。

⑦茂才：見《范錫朋觀石魚記》。

⑧曹純熙：無考。

⑨上舍：《宋史·選舉志三》載，宋代太學分外舍、內舍和上舍，學生可按一定的年限和條件依次而升。明清因以"上舍"爲監生的別稱。

⑩鏞：即曹鏞，字莃史。

⑪施紀雲：（1852—1929），原名緇雲，字鶴笙。涪陵人。清光緒九年（1883）進士，授翰林院編修。曾任湖北武昌、施南、襄陽、德安知府，湖北施鶴、安襄、鄖荆兵備道以及湖北按察使，國使館總纂兼總復審等職。施紀雲關注教育文化並積極參與推辦新學。今涪陵區珍溪鎮西橋村的珍溪鎮中心校內，保存有具有傳統民居風格的施家祠堂，殿堂有"癸丑（1913）季秋之吉孝男施紀雲率孫愚恭建"千秋帶。

〔徵引文獻論著題錄〕

❶《水下博物館》　　❷《水下碑林》　　❸《文物圖集》
❹《三峽國寶》

## 楊鴻□題記　1924 年

民國十二年二月十二日即壬戌十二月廿六日也，余與安平王叔度，隆昌張憲星，貴陽李任民，〔缺〕義，周〔缺〕石魚〔缺〕毌丘〔缺〕

〔缺〕天水四□□春暖〔缺〕

楊鴻□鐫。

〔注釋〕

①安平：西漢初置安平縣，民國初，屬直隸省保定道。1928 年，直隸省改河北省，直領安平縣。今屬河北省衡水市。

②王叔度：無考。

③隆昌：民國初直隸四川省下川東道，1928 年，隆昌直隸四川省政府。

今屬四川省内江市。

④張憲星：無考。

⑤貴陽：民國初年，貴陽縣屬貴州省黔中道。1920年，廢黔中道，直屬貴州省政府。

⑥李任民：無考。

⑦天水：1913年，廢秦州設立了天水縣，屬渭川道所轄。1927年，國民軍進駐隴南，廢道，改爲天水行政督察專員公署。今屬甘肅省天水市。

⑧楊鴻□：無考。

〔徵引文獻論著題錄〕

❶《水下碑林》　　❷《文物圖集》　　❸《三峽國寶》

颜愛博等題記　1931年

神仙福慧

山水因緣

民國辛未春，曲阜颜愛博，江津成肇慶，崇慶楊茂蒼，合川蔣漢霄、周極甫偕遊斯梁，曆觀往迹，憩而樂之，鐫此紀念。

〔注釋〕

①曲阜：1928年，直接隸屬山東省。

②颜愛博：無考。

③江津：民國初，屬川東觀察使，後改川東觀察使爲川東道，轄36縣，江津为其中之一。1935年，屬四川省第三行政督查區。今重慶市江津區。

④成肇慶：無考。

⑤崇慶：民國初，改崇慶州爲崇慶縣；民國後相繼隸屬隸川西道、西川道。1935年，屬第一行政督察區。今四川省成都市轄崇州市。

⑥楊茂蒼：無考。

⑦合川：民國初，改合州爲合川縣，屬川東道；1934 年，屬第三行政督察區。今重慶市合川區。

⑧蔣漢霄：無考。

⑨周極甫：無考。

〔徵引文獻論著題錄〕

❶《水下碑林》　　❷《水文站》　　❸《文物圖集》

❹《三峽國寶》

## 白鶴時鳴圖

白鶴時鳴。劉冕階作。

〔注釋〕

①此題刻文字爲《白鶴時鳴圖》所附文字。

②劉冕階：（1884—1961），字明銳，別署天臺山人，劉鏡沅弟。涪陵近現代文化名人，著名書法家、畫家，先後任教於涪陵多所學校。

〔徵引文獻論著題錄〕

❶《水下碑林》　　❷《水文站》　　❸《文物圖集》

❹《三峽國寶》

## 劉鏡沅題詩　1937 年

白鶴梁中白鶴游，窅然飛去幾千秋。祇今皓月還相照，終古長江自在流。鐵櫃崚嶒樵子路，鑒湖欸乃漁人舟。升沉世事何須問，把酒臨風一醉休。

民國丁丑大悔劉鏡沅題。

〔注釋〕

①鐵櫃：重慶涪陵北山坪，位於長江北岸，與涪陵城隔江相望。整個山勢形態象龜，故有"龜山"之稱，並相傳諸葛亮在此屯兵曾藏鐵櫃於此，又名"鐵櫃山"。"鐵櫃樵歌"爲涪州八景之一。

②鑒湖：白鶴梁形成了一道天然的屏障，使南岸 100 米内的江水，除洪水季節外，平時水波不興，明徹如鏡，故稱。涪州八景中，有"鑒湖漁笛""白鶴時鳴"兩景，就因此處常有漁舟活動，白鶴棲息於石梁而得名。

③劉鏡沅：（1879—1941）：字大悔，涪陵人，劉冕階兄，少時聰穎好學，酷愛書畫。書宗鄭板橋，畫宗唐伯虎，在川東書畫界享有盛譽。

〔徵引文獻論著題録〕

❶《水下博物館》　　❷《水下碑林》　　❸《水文站》
❹《文物圖集》　　❺《三峽國寶》

## 文德銘題詩記　1937 年

民國丁丑仲春，偕弟德修、德禄、德禧遊白鶴梁觀石魚。雙魚石出兆豐穰，弟後兄先敘雁行。白鶴不知何處去，長江依舊水泱泱。文德銘題　劉冕階書。

〔注釋〕

①仲春：見《劉仲立題記》。

②德修：文德銘弟。

③德禄：文德銘弟。

④德禧：文德銘弟。

⑤文德銘：二十世紀涪陵文化名人。文德銘創作有短篇小説集六部，中

篇小說兩部，重慶圖書館還藏有其《家與國》（重慶指南編輯社 1944 年出版）、《滿城風雨》（重慶指南編輯社 1944 年出版）。中篇小說《滿城風雨》於 1944 年獲全國抗戰文藝獎助金管理委員會小說三等獎。他還有正式出版創作的劇本四幕話劇和四幕歌劇各一部。曾任涪陵市政協委員、涪陵市太平天國歷史研究會會員，晚晴詩社顧問。

⑥劉冕階：見《白鶴時鳴圖》。

〔徵引文獻論著題錄〕

❶《水下博物館》　　❷《水下碑林》　　❸《水文站》
❹《文物圖集》　　　❺《三峽國寶》

劉鏡沅題記（二）　　1937 年

　　白鶴繞梁留勝迹
　　石魚出水兆豐年
　　丁丑孟春，江水涸，石魚出。余與陳翼汝表弟、德藩宗兄及石應績、潘俊高、張肇之、郭載之諸兄，冕階、澤金兩弟，載酒來觀，醉後率書，以紀勝遊云。
　　大悔劉鏡沅題。

〔注釋〕

①陳翼汝：劉鏡沅表弟。
②德藩：劉鏡沅宗兄。
③石應績：無考。
④潘俊高：無考。
⑤張肇之：無考。
⑥郭載之：無考。
⑦冕階：即劉冕階。見《白鶴時鳴圖》。

⑧澤金：劉鏡沅弟。

⑨劉鏡沅：見《劉鏡沅題詩》。

〔徵引文獻論著題録〕

❶《水下博物館》　　❷《水下碑林》　　❸《水文站》

❹《文物圖集》　　❺《三峽國寶》

何耀萱《白鶴梁記》　　1937年

白鶴梁記

　　民國廿六年三月，雨澤稀少，河流枯落瀉鹵。鑒湖中有石梁橫亘，古鑿有兩石魚於其上，相傳水涸魚出，出則歲豐。公餘之暇，偕曾海清、劉昇榮、王和欣、譚祐甫、蔣慎修、周國均、周哲生、劉靜禪諸君，命舟渡梁，眺覽大周，果見魚出。竊思涪陵亢旱六載，兹於，民不聊生，哀鴻遍野。今天心仁愛，示兆於石，斯亦吾民之大幸也。海清命余爲記，而勒諸石。

　　邑人何耀萱記，方伯旻書。

〔注釋〕

①曾海清：無考。

②劉昇榮：無考。

③王和欣：無考。

④譚祐甫：無考。

⑤蔣慎修：無考。

⑥周國均：無考。

⑦周哲生：無考。

⑧劉靜禪：無考。

⑨何耀萱：無考。

⑩方伯旻：無考。

〔徵引文獻論著題錄〕
❶《水下博物館》　❷《水下碑林》　❸《水文站》
❹《文物圖集》　❺《三峽國寶》

## 劉鎔經《遊白鶴梁》詩　1937年

　　遊白鶴梁
　　江水西來去自東，浪淘淘盡幾英雄。兩三鳴鶴摩天漸，卅六鱗魚兆歲豐。皇祐序詩劉轉運，元符紀事黃涪翁。遍舟載得潞州酒，醉聽漁人唱晚風。
　　民國丁丑仲春，玉山老人劉鎔經題，年七十六矣。
　　邑人劉樹培塗鴉，同遊文君明盛、王君伯勳。

〔注釋〕
①仲春：見《劉仲立題記》。
②劉鎔經：號玉山老人。涪陵人，曾得傳爲"王叔和所述，孫思邈所校"之《傷寒雜病論》，1934年在重慶石印行世，即四川本亦稱涪陵古本。還編有《眼科仙方》《槐軒眼科》等醫學著作。
③劉樹培：涪陵人。
④文明盛：無考。
⑤王伯勳：無考。

〔徵引文獻論著題錄〕
❶《水下博物館》　❷《水下碑林》　❸《水文站》
❹《文物圖集》　❺《三峽國寶》

## 盧學淵題記　1937年

　　民生公司渝萬河床考察團冉崇高、江世信、李暉漢、魏哲明、羅嘉猷、殷平志、陳資生、趙海洲等二十九人經此留念。重慶水位倒退壹呎六吋，宜昌水位倒退壹呎八吋。民國廿六年三月十三日，盧學淵題。

〔注釋〕

①民生公司：1925年，由著名實業家重慶人盧作孚創建於重慶，次年開始營業。1949年以前爲長江航綫最大的私營輪船公司，獨佔川江航運業。

②冉崇高：無考。

③江世信：無考。

④李暉漢：無考。

⑤魏哲明：無考。

⑥羅嘉猷：無考。

⑦殷平志：無考。

⑧陳資生：無考。

⑨趙海洲：無考。

⑩盧學淵：無考。

〔徵引文獻論著題錄〕

❶《水下博物館》　❷《水下碑林》　❸《水文站》
❹《文物圖集》　❺《三峽國寶》

## 抗戰時期題記

　　摧伏倭寇，奠定和平，石魚出兮。

〔注釋〕

此題記無紀年，但從內容可知，必爲抗戰時期所題。

〔徵引文獻論著題錄〕

❶《水下博物館》　　❷《水下碑林》　　❸《三峽國寶》

## 李園"世道澄清"　　1942 年

世道澄清

民卅春，軍次涪陵，侍郭氏冠三，攜涵、洵二兄買舟登點易洞。睽經白鶴梁，觀石魚有感。

富春李園。

〔注釋〕

①富春：今浙江富陽。

②李園：浙江富陽人，黃埔軍校一期學員。

〔徵引文獻論著題錄〕

❶《水下博物館》　　❷《水下碑林》　　❸《文物圖集》
❹《三峽國寶》

中華人民共和國成立以來題刻

林樵題詩　1963年

　　水枯江心石魚現，相傳魚現兆豐年。豐稔豈由魚斷定，戰勝自然人勝天。
　　涪陵專員公署林樵，一九六三年二月十四日。

〔注釋〕

①涪陵專員公署：1954年《地方組織法》規定，省人民政府在必要時，經國務院批准，可以按地區設立行政公署，作爲自己的派出機關，由行政專員和副專員領導工作。中華人民共和國成立後，1950年置川東涪陵專區，轄涪陵等七縣，隸屬川東行署區。1952年，川東酉陽專區併入川東涪陵專區，增轄墊江等四縣，隸屬四川省人民政府。1968年，改稱涪陵地區。

②林樵：山東人，1960年任涪陵地區專員公署副專員。

〔徵引文獻論著題錄〕

❶《水下博物館》　　❷《水下碑林》　　❸《水文站》
❹《文物圖集》　　❺《三峽國寶》

## 龔堪貴題詩　1963年

《卜祘子　遊白鶴梁》

涪陵長江心，白鶴梁馳名，相傳石魚唐人刻，還有佛像神。石魚兆豐年，游者題詩稱，盡管有唯心觀點，貴在四代文。

涪陵專員公署龔堪貴，一九六三年二月二十四日下午。

〔注釋〕

①涪陵專員公署：見《林樵題詩》。
②龔堪貴：四川人，1960年任涪陵地區專員公署副專員。

〔徵引文獻論著題錄〕

❶《水下碑林》　　❷《文物圖集》　　❸《三峽國寶》

## 涪陵縣文化館題記　1963年

紅日豔豔映碧空，白鶴翩翩舞東風。

鑒湖泛舟歌盛世，石魚啣花慶豐收。

後記，我縣人民在共產黨和毛主席的英明領導下，在總路綫、大躍進、人民公社三面紅旗光輝照耀下，戰勝了連續三年的特大旱災，使我們的經濟情況日益好轉。去年比前年好一些，肯定今年必將比去年更好。

涪陵縣文化館。

一九六三年二月十五日

石魚距水：1.45公尺

長壽水位：零下0.68M

〔徵引文獻論著題錄〕

❶《水下碑林》　　❷《水文站》　　❸《文物圖集》
❹《三峽國寶》


### 四川省重點文物保護單位題刻　1980年

白鶴梁——四川省重點文物保護單位。

四川省人民政府，1980年。


### 全國重點文物保護單位題刻　1988年

全國重點文物保護單位

白鶴梁題刻

中華人民共和國國務院

一九八八年一月十三日公佈

四川省人民政府立

# 年代不詳題刻

## 傅春遊記

乙卯人日,傅春出遊此。

〔注釋〕

①人日:見《□居安題記》。

②傅春:無考。

〔徵引文獻論著題錄〕

❶《水下碑林》　❷《三峽國寶》

## 高聯石魚詩

誰把游龍江上鐫,爲霖爲雨兆豐年。總看何日金晴點,騰踏雲霓閱大千。

涪高聯題詩。

父高懋桂。

〔注釋〕

①高聯:涪陵人。

②高懋桂：涪陵人，高聯之父。

〔徵引文獻論著題錄〕

❶《水下碑林》　　❷《水下博物館》　　❸《三峽國寶》

## 李從義題記

涪陵驛丞李從義。

〔注釋〕

①驛丞：明各府、州、縣據不同情況置驛丞，或有或無，或多或少，掌驛站車馬迎送，清沿置。因此，此題記應爲明清時期題記。

②李從義：無考。

〔徵引文獻論著題錄〕

❶《水下碑林》　　❷《水下博物館》　　❸《三峽國寶》

## 張拱題詩

石鯉呈祥出水中，老天有意報時豐。雖然造化先消息，還自黃俠燮理功。

張拱　官石匠吳仲一。

〔注釋〕

①張拱：無考。
②吳仲一：官石匠。

## 年代不詳題刻

### 辛亥殘刻

辛亥秋□

〔注釋〕

辛亥：具體年份無考。

〔徵引文獻論著題錄〕

❶《水下碑林》　　❷《三峽國寶》

### 通州觀石魚

通州觀石魚。

〔注釋〕

通州：應爲地名。

〔徵引文獻論著題錄〕

❶《水下碑林》　　❷《水下博物館》　　❸《三峽國寶》

### 舒彭松"恒收永年"題刻

恒收永年。

乙卯涪陵舒彭松書。

〔注釋〕

舒彭松：涪陵人。

〔徵引文獻論著題錄〕

❶《水下碑林》　❷《水下博物館》　❸《三峽國寶》

## 殘題刻

□□□□□□□□□□□□□□□□見□□□
□□□□□□□□□□□□分□□□□□□□□□覽
□□□□□□□□常□〔缺〕

〔徵引文獻論著題錄〕

❶《水下碑林》　❷《三峽國寶》

## "光企公"題刻

戊辰卯光企公。

〔注釋〕

光企公：無考。

〔徵引文獻論著題錄〕

❶《三峽國寶》

❷吴盛成：《白鶴梁題刻水下考古新發現及其歷史意義》，載《涪陵特色

文化研究論文集》（第二輯）。

## 中山乙公遊記

中山乙公遊。

〔注釋〕

中山乙公：無考。

〔徵引文獻論著題錄〕

❶《三峽國寶》

❷吳盛成：《白鶴梁題刻水下考古新發現及其歷史意義》，載《涪陵特色文化研究論文集》（第二輯）

## 袁大武等遊記

二月，郡人袁大武、劉養誠、黃周儒、劉汝林同遊此。

〔注釋〕

①袁大武：涪陵人。

②劉養誠：涪陵人。

③黃周儒：涪陵人。

④劉汝林：涪陵人。

〔徵引文獻論著題錄〕

❶《三峽國寶》

❷吳盛成：《白鶴梁題刻水下考古新發現及其歷史意義》，載《涪陵特色

文化研究論文集》（第二輯）

## 張侍題記

張侍行元正月記。

〔注釋〕
　　張侍：無考。

〔徵引文獻論著題録〕
　　❶《三峽國寶》　　❷《貴博》

## "留山" 題記

留山。

〔注釋〕
　　留山：似爲地名。

〔徵引文獻論著題録〕
　　❶《三峽國寶》　　❷《貴博》

## "正月中澣" 題記

正月中澣。

〔注釋〕

　　正月中瀚：正月中旬。

〔徵引文獻論著題錄〕

　　❶《金石補正》　　❷《三峽國寶》　　❸《貴博》

## 古泉□題詩

　　多少前人佳句留，無非雅頌石魚□。何知瑞在藻蓮□，恍按紋鱗六□同。
　　古泉□。

〔注釋〕

　　古泉：指泉州。

〔徵引文獻論著題錄〕

　　❶《文物圖集》　　❷《三峽國寶》

## 鄧陽□同遊題記

　　鄧陽□同遊。

〔注釋〕

　　鄧陽□：無考。

〔徵引文獻論著題錄〕

　　❶《文物圖集》　　❷《三峽國寶》

南陽公題刻

〔缺〕司徒、巡檢南洋公〔缺〕中流石梁上古記〔缺〕往觀焉，見古記石魚〔缺〕來呈於豐歲錦〔缺〕。

〔缺〕陽公司徒〔缺〕稱慶前有〔缺〕前知〔缺〕。

〔徵引文獻論著題錄〕
❶《文物圖集》　　❷《三峽國寶》

聯名詩

江上石魚鐫〔周〕，游戲水中蓮〔湯〕。揚須沐□□〔□〕，鳴鼓報豐年〔楊〕。廣德詩云古〔徐〕，清□識已先〔張〕。堯民志帝力〔□〕，刑□郡□虞〔黃〕。〔缺〕琦〔缺〕湯文仲。

〔徵引文獻論著題錄〕
❶《文物圖集》　　❷《三峽國寶》

李元□題刻

〔缺〕□□勳都□向〔缺〕化縣令□□□□李元□□□□□□文心許字□昌韓禮□□□李元□誰〔缺〕。

〔徵引文獻論著題錄〕
❶《文物圖集》　　❷《三峽國寶》

## 聯句詩

〔缺〕明〔缺〕載翦息年，其〔缺〕日偕遊者〔缺〕石〔缺〕會〔缺〕出見魚鱗，□□傳說年豐景□□是江幹春漲，□□□應，知道天意祐吾民。

〔徵引文獻論著題錄〕

❶《文物圖集》　　❷《三峽國寶》

# 參考文獻

## 一、主要題刻文獻

（清）姚覲元：《涪州石魚文字所見錄》，《石刻史料新編》（第三輯一五），臺北新文豐出版公司，1986年。

（清）呂紹衣、王應元等修纂：《同治重修涪州志》，《中國地方志集成·四川府縣誌輯》（第四十六輯）影印同治九年刻本，巴蜀書社，1992年。

（清）錢保塘：《涪州石魚題刻》，《石刻史料新編》（第三輯一五），臺北新文豐出版公司，1986年。

（清）陸增祥：《八瓊室金石補正》，文物出版社，1985年。

陳曦震、陳之涵：《中國長江水下博物館：白鶴梁題刻》，重慶出版社，2003年。

陳曦震主編：《水下碑林——白鶴梁》，四川人民出版社，1995年。

政協四川工委編：《世界第一古代水文站——白鶴梁》，中國三峽出版社，1995年。

水利部長江水利委員會：《長江三峽工程水庫水文題刻文物圖集》，科學出版社，1996年。

曾超：《三峽國寶——白鶴梁題刻彙錄與考索》，中國文史出版社，2005年。

重慶市博物館編：《中國西南地區歷代石刻彙編·四川重慶卷》，天津古籍出版社，1998年。

何鳳桐：《宋代長江水文題刻實錄》，《貴州文史叢刊》2002年第1期。

重慶市第三次文物普查領導小組辦公室編：《重慶文物總目續編》，

2008年。

## 二、基本典籍

（元）脫脫等：《宋史》，中華書局，1985年。

（清）張廷玉等撰：《明史》，中華書局，1974年。

趙爾巽等撰：《清史稿》，中華書局，1977年。

（宋）呂陶撰：《淨德集》，《叢書集成初編本》，商務印書館，1935年。

（宋）司馬光：《資治通鑑》，中華書局，1956年。

（宋）談鑰撰：《嘉泰吳興志》，《中國地方志叢書·華中地方·第五五七號》，台北：成文出版社有限公司，1984年。

（宋）王存撰：《元豐九域志》，中華書局，1984年。

（宋）吳處厚撰，李裕民注解：《青箱雜記》，中華書局，1985年。

（宋）陳振孫著，徐小蠻、顧美華點校：《直齋書錄解題》，上海古籍出版社，1987年。

（宋）晁公武撰，孫猛校証：《郡齋讀書志校証》，上海古籍出版社，1990年。

（宋）李燾撰：《續資治通鑑長編》，中華書局，1995年。

（宋）陳思：《寶刻叢編》，《歷代碑誌叢書》第一冊，江蘇古籍出版社，1998年。

（宋）樂史撰：王文楚等點校：《太平寰宇記》，中華書局，2007年。

（宋）歐陽忞著，李勇先、王小紅校注：《輿地廣記》，四川大學出版社，2003年。

（宋）歐陽修撰，李之亮箋注：《歐陽修集編年箋注》，巴蜀書社，2007年。

（元）馬端臨著，裴汝誠等點校：《文獻通考》，中華書局，2011年。

（明）羅青霄修，謝彬纂：《漳州府志》，臺灣學生書局，1965年。

（明）楊慎編，劉琳、王曉波點校：《全蜀藝文志》，綫裝書局，2003年。

（明）曹學佺著：《蜀中廣記》，四庫全書本。

（清）徐松輯：《宋會要輯稿》，中華書局，1957年。

（清）常明修，楊芳燦等纂：（嘉慶）《四川通誌》，巴蜀書社，1984年。

（清）黃宗羲原著，全祖望補修，陳金生、梁運華點校：《宋元學案》，中華書局，1986年。

（清）畢沅：《續資治通鑒》，上海古籍出版社，1986年。

（清）周學曾等修纂：《晉江縣誌》，福建人民出版社，1990年。

（清）董維祺主修，馮懋桂等纂：《重慶府涪州志》，"本藏中國罕見地方誌叢刊"第三十二冊影印本，書目文獻出版社，1992年。

（清）李敬修：《費縣誌》，巴蜀書社，1992年。

（清）徐景熹主修：《福州府志》，福州市地方志編纂委員會整理，海風出版社，2001年。

（清）王應麟：《玉海》，廣陵書社，2003年。

（清）顧祖禹：《讀史方輿紀要》，中華書局，2005年。

（清）多澤厚修，陳於宣等纂：《涪州志》，姚樂野、王曉波主編："四川大學圖書館館藏珍稀四川地方誌叢刊"第二部，巴蜀書社，2009年。

（清）德恩修，石彥恬等纂：《涪州志》，國家圖書館藏道光二十五年涪州州署原刻本。

（清）黃廷桂等修纂：（雍正）《四川通志》，四庫全書本。

（清）王德嘉：《大足縣誌》，光緒三年刻本。

王鑑清、施紀雲等修纂：《民國涪陵縣續修涪州志》，"中國地方志集成·四川府縣誌輯"（第四十七輯）影印民國十七年鉛印本，巴蜀書社，1992年。

李鍾岳修，孫壽芝纂：《麗水縣誌》，上海書店，1993年。

三、今人論著

任乃強：《華陽國志校補圖注》，上海古籍出版社，1987年。

吳廷燮：《北宋經撫年表 南宋制撫年表》，中華書局，1984年。

龔延明：《宋代官職辭典》，中華書局，1997年。

鄭敬東主編：《中國三峽文化概論》，中國三峽出版社，1995年。

《涪陵市志》編纂委員會編：《涪陵市志》，四川人民出版社，1995年。

《涪陵辭典》編纂委員會編：《涪陵辭典》，重慶出版社，2003年。

王久淵等：《烏江經濟文化研究》（第一輯），重慶出版社，2004年。

李龍文主編：《蘭州碑林藏甘肅古代碑刻拓片精華》，甘肅人民美術出版社，2010年。

丁祖春、王熙祥：《涪陵白鶴梁石魚和題刻研究》，《四川文物》1985年第2期。

龔廷萬：《四川涪陵"石魚"題刻文字的調查》，《文物》1963年第7期。

郝國勝：《白鶴梁水文題刻及其保護》，《中國歷史文物》2003年第3期。

胡昌健：《涪陵白鶴梁"元符庚辰涪翁來"題刻考》，《四川文物》2003年第1期。

黃秀陵：《涪陵白鶴梁唐代石魚與周易文化》，《四川文物》2004年第2期。

黃真理：《白鶴梁題刻保護問題及其與水域環境的關係》，《文物保護與環境科學》，2001年第1期。

李朝軍：《晁公武兄弟在渝事迹考》，《中華文化論壇》2007年第3期。

李金榮：《涪陵白鶴梁題"元符庚辰涪翁來"考辨》，《重慶社會科學》2006年第5期。

李勝：《〈水下碑林白鶴梁〉題刻釋文校讀記》，《重慶社會科學》2005年第10期。

李勝：《白鶴梁石刻題名人考按五十六則》，《三峽大學學報》2006年第1期。

劉興亮：《國內白鶴梁題刻研究綜述》，《長江師範學院學報》2013年第2期。

苗書梅：《宋代州級屬官體制初探》，《中國史研究》2002年第3期。

孫華、陳元棪：《白鶴梁題刻的歷史和價值》，《四川文物》2014年第1期。

汪耀奉：《長江涪陵白鶴梁歷史枯水題刻研究應用》，《水文》1999年第2期。

王曉暉：《白鶴梁題刻所見涪州知州吳革考辨》，《三峽大學學報》2014年第1期。

王曉暉：《北宋涪州知州考略》，《長江師範學院學報》2012年第9期。

王曉暉：《南宋涪州知州考略》，《長江師範學院學報》2014 年第 6 期。

楊冬明：《白鶴梁刻石與大足石刻之比較研究》，《重慶教育學院學報》2008 年第 5 期。

曾超、彭丹鳳、王明月：《白鶴梁題刻〈晁公遡題記〉價值小議》，《三峽大學學報》2007 年第 3 期。

曾超、張正武：《西南地區白鶴梁題刻唐宋涪州牧考釋》，《長江師範學院學報》2013 年第 1 期。

周晏：《白鶴梁晁公遡題記中的宋儒形象》，《重慶三峽學院學報》2007 年第 6 期。

周晏：《白鶴梁蒙文題刻背景追述》，《三峽大學學報》2007 年第 6 期。

鄒志勇：《"別乘"考辨》，《江海學刊》2004 年第 6 期。

# 后　　记

《白鶴梁題刻文獻匯集校注》終於定稿付梓，前後歷時三年。五年前博士畢業，從西北來到西南，研究方向不得已進行轉向。幾經摸索，確定以研究唐宋巴蜀地區水事石刻文獻爲主。雖然從西北出土文獻的研究轉到西南石刻文獻研究，但是，一方面還是以唐宋爲主要研究時限，另一方面，在蘭州大學敦煌學研究所五年的歷史文獻學專業學習和學術訓練打下的堅實基礎，也使自己較快地實現了轉向。

研究唐宋時期巴蜀地區水事石刻文獻，白鶴梁題刻是重要内容之一，在資料搜集過程中，我發現關於白鶴梁題刻的現有各種資料，在文字的識讀、轉録，内容的訂正、解釋等方面，都有不盡如意的地方。通過參校古代及近代學者的著録、今人的研究以及部分題刻拓片、圖版，也發現有不少内容還需要重新整理，於是萌生出對題刻進行匯集校注的想法。這一工作很煩瑣也很費力，需要對所見的各種資料進行對比、識讀，還要到白鶴梁水下博物館對部分拓片和實物進行比較。由於白鶴梁水下博物館只保存了題刻的一部分，且江水渾濁時基本無法看清楚題刻文字，因此使這項工作難度加大。就這樣，前後近三年時間，方才完成。

在相關工作的進行過程中，2012年，我申報了全國高校古籍整理研究工作委員會古籍整理研究項目《白鶴梁題刻文獻匯集校注》，獲准立項。在初稿完成後，天津古籍出版社又以此申請2015年度國家古籍整理出版資助項目，獲得立項。這使我不僅增強了信心，也認識到這項工作是十分有價值和有意義的。

同樣，這項工作也受到長江師範學院科技處的重視和大力支持，2014年，我申報的"白鶴梁石刻文化研究中心"被學校確定爲校級科研創新平臺，並給予財力、物力的支持。

因此，本書的取得是在各方力量的大力支持下完成的。而且，天津古籍出版社副總編輯楊蓮霞女士對本書初稿申請 2015 年度國家古籍整理出版資助項目進行了細緻的指導，對文稿內容提出寶貴的意見。編輯門輝女士也不厭其煩地對文稿的字句、標識等進行了修訂。對各位師友的無私幫助，在此表示衷心感謝。

最後，也感謝我的妻子李艷和女兒王楚歡，她們的默默支持和在我疲倦時給我的歡聲笑語，也是我完成這項工作的極大動力。

由於個別資料不全或拓本不夠清晰，或前賢輯錄失誤，再加上現在整個題刻已經永沉江底而無法全面考察，錯誤在所難免。所有這些，都有待於在今後的工作中繼續完善。

王曉暉

2015 年 6 月 18 日